遊 · 戲 ·

上海

U0018627

穿越魔都百年行

君如 黃偉雯（瑪杜莎）／文·攝影

鲁迅纪念馆
Luxun Museum

目錄

目錄

推薦序

為《遊‧戲‧上海——穿越魔都百年行》寫序

以前認識上海是從課本，是從黃霑作詞的〈上海灘〉「浪奔浪流萬里滔滔江水永不休，淘盡了世間事……。」從這首歌詞中，讓我對上海充滿無限的想像。

「1 號線，10 號線，漢中路、人民廣場、天潼路、……」，沒錯，我已置身上海了。有一位旅遊達人兼作家的妹妹，真是莫大的幸福，上海七日遊的行程表就自然而然從列表機跑了出來。

彷彿田子坊巷弄裡百年老宅的美味鹹豆花還在昨日；彷彿豫園裡的上海湯包，還有小楊生煎包還在昨日；彷彿朱家角和七寶古鎮的叫化雞和糯米糖藕還在昨日；彷彿南京路步行路的霓虹笙歌還在眼前；彷彿上海外灘黃浦江畔的大片殖民洋式建築還在眼前；彷彿東方明珠塔 90 樓高的地上透明玻璃還在眼前；彷彿上海迪士尼的歡樂尖叫還在眼前……。

是的，我真的到過繁華的上海，回頭再看看瑪杜莎的這本《遊‧戲‧上海——穿越魔都百年行》，讓人想再次搭機直飛浦東機場。

作文教育學會理事長

黃偉慈

作者序

寫作緣起

上海是最早發展的中國現代化城市之一，除了清末的通商口岸以外，1930 年代的十里洋場曾有東方巴黎之稱；日本作家村松梢風旅居上海時，把當時的上海租界稱作「魔都」。你可以循著張愛玲的《傾城之戀》、《半生緣》來嗅聞洋氣中帶有婉約氣質的上海；你也可以沿著《色戒》的氣味陷入特務迷情的氛圍；杜月笙、許文強的上海黑幫魅影留下了說不完的傳奇…，如果僅以這些來了解上海，其實還太過粗淺，想要更貼近上海的核心，就必須要深入上海日常生活，透過美食、大眾交通工具，甚至融入當地的電子支付模式，為自己安排一場道地的上海旅行。

此外，文創風格及知青的氛圍，在上海也非常豐富，田子坊、新天地、1933 老場坊文創園區…，這些讓人想追逐屬於上海的小時代。2016 年全新開幕的迪士尼樂園，讓迪士尼迷又多了一個歡樂新去處。浦東的金融貿易區眾多摩天大樓，一棟超越一棟的高度，又是另外一種風情的上海。如果對這些都市叢林感到索然無味的話，近郊的崇明島生態之旅，還有上海近郊的朱家角古鎮及七寶古鎮很值得去尋幽訪古。如果沒有去過這些地方，可不能說你已經很了解上海了呢！

上海有非常多韓商及朝鮮族，所以韓式炸雞、汗蒸幕、各式各樣富有特色的韓風咖啡館，讓你在上海漫遊時，也可以偽裝成首爾小旅行，讓你不用真的去到首爾，就可以在上海體驗道地韓風，這是我發現的創新版雙城記旅行策略。

所謂兩千年看長安，五百年看北京，那麼百年風華就要看上海了。既然已經有遊戲北京及絲路，那麼一定不能錯過上海這座充滿魔幻多重魅力的城市。延續《遊．戲．北京—穿越清宮步色行》、《遊．戲．絲路—穿越西安大漠行》系列，以戲劇、歷史及文學等主題，搭配上海景點，貫穿全書，吸引讀者翻閱，甚至親身前往。

旅在上海須知

「大上海」不是一個形容詞而是一個鐵的事實

上海市是一個自 19 世紀中就開始發展的國際經貿商業大城。現在的上海市常住人口超過兩千萬，每天在十幾條地鐵與密集度極高的公交路線上移動，想用自己的腳步去認識這座城市，就必須要放下曾經看過世界多少知名大城，或是護照上蓋過多少國家出入境章的驕傲，要以一種臣服的心理去做好心理準備，認同上海真的非常的大。

因此在規劃每日的景點時，除非是旅行團或是私人包車，才能夠一天內跨區的參觀不同景點，不然僅在上海的一個行政區移動，要好好地玩幾個景點，基本上就已經要有很大的體力與腳力了。

在上海的移動，要想像身在臺灣的活動範圍介於臺北到臺中之間。如果不是搭高鐵，就要以火車及巴士的速度來想像一天該怎麼規劃路線與行走。否則隨興按照喜好闖南走北的，幾天下來能在上海看到的景點也就有限了。

上海市一共有十六個行政區，精華區域即包含比較多老上海建築與文化的黃浦區、徐匯區、長寧區、靜安區、普陀區、虹口區及楊浦區。清末民初時的各國租界大多集中在這幾區，想要在上海探訪名人故居與名校，也以這幾區為主。

此外，新興發展的浦東新區是見證近二、三十年來上海開發的新寵兒，摩天大樓與金融中心集中在這裡；閔行區與松江區是更外圍一點的地段，這邊搭地鐵到市中心的區域都是一個小時以上的車程。另外最北邊的崇明島也算在上海市的範圍內，算是上海市的後花園，可以暫時遠離都市叢林呼吸新鮮空氣的好地方。

在了解上海大致的位置之後，記得將旅館訂在精華核心的幾個區域，不論是轉搭地鐵線或是公交行經的站牌，都會為你的每個景點之間節省很多時間

浦東新區感受摩登上海

排隊與安全距離的觀察

臺灣人到中國旅行最不習慣的一點大概就是安全距離這件事了。據我的觀察，在中國與印度這兩個人口超過十億以上的國家，對於人與人之間的安全距離是非常小的。所謂至少一尺的距離，在這裡搭乘交通工具是絕對不可能出現的天方夜譚，你必須要自動把安全距離縮小到5公分，很多時候，那怕是只有1公分的距離，都會被捷足先登。

地鐵站裡的文明標語很多

大概是因為從小在人多的地方成長，自然而然學習了如何在大城市的生存之道。如果把在臺北趕搭捷運上下班的心情用在尖峰時刻的上海，那麼大概是比小學生還不如的程度，可能車過了三、四班了，還輪不到你上車。

很有趣的一點是，上海人都會說這些沒有保持安全距離與插隊的都是外地來的，不過不管是本地還外地，大媽與大叔永遠是最厲害的佼佼者，基本上「大媽無敵」這個理論是世界通用的吧！而且還絕對不能跟大媽爭論，不然後果很有可能很可怕。

上海地鐵排隊情況其實比想像中的好一些，但還是要繃緊神經的別讓人插隊

目前插隊這件事在上海的發生率還是層出不窮，不過正在快速的進步中。在地鐵裡可以看到工作人員不斷的宣導先下車後上車，如果遇到有插隊的人，其實旁人好言的提醒與勸告，大部分的人會自動乖乖地閃到後邊去。惱羞成怒的情況倒是比較少見，試想這樣充滿來自大江南北各地好漢的大城市，看得見他的進步遠比每天抱怨要來的好，如此才能讓自己更能有好心情去品嘗上海的豐富滋味。

銀行卡、支付寶及微信支付

電子支付在中國已經行之有年，許多 90 後的年輕人甚至都已經習慣不帶現金出門，只要有手機以及綁定銀行卡的支付寶、微信支付等 APP 就足夠一機走江湖了。現在在中國都採實名制，所以即使在臺灣已經擁有了支付寶及微信帳號，並且請朋友在裡面存了一點錢，還是沒有辦法使用。因為無論哪一個電子支付帳號都需要有本人在中國當地的銀行卡綁定，才能夠使用裡面的錢。

到銀行以臺胞證開戶及辦理銀行卡

也許你會想，我不過是一個偶然會去中國自助旅行的遊客，需要了解這些嗎？但是我覺得還是有必要的，畢竟小從電話卡的充值，大到使用攜程網等各大旅遊平台購買機票與行程，都需要使用到這個電子支付。如果能夠學著像當地人使用這些平台，會為自己的旅行省下很多處理雜務的時間，在吃喝玩樂的開銷上也能獲得折扣後的價格。如果是喜歡到中國自助旅行或是有商務及學業需求的人，強烈建議可以替自己準備一套當地完整的電子支付系統。

即使最後銀行卡裡還有剩下人民幣也不打緊，回臺灣直接用裡面的錢來購買淘寶裡的寶貝們，方便又不需被扣手續費。目前只要持臺胞證就可以到當地的銀行去辦理自己的戶口及申請一張銀行卡。即使只是一位久久去中國旅遊的朋友，知道這些事情多了解一下當地的日常生活也是不錯的一項資訊。

支付寶付款時，給店家掃 QR CODE 即完成付款　現在非常多人在使用微信支付

劉詩詩是百度外賣的代言人，在上海地鐵都　街上的外賣騎士們，正努力的送餐中
可以看到廣告燈箱

外賣打包的細心度他們也
很重視

實用 APP 下載

1 外賣騎士們：美團、百度、餓了嗎

在繁忙的上海，許多上班族與學生的三餐用餐時間很緊張的，尤其是中國很重視「飯點」這件事，就是 12 點一到的午餐時間，一定所有的餐館都是用餐人潮。像臺灣人忙到一個段落會先跑去吃晚一點的中餐或是早一點的晚餐，這種事情在當地並不普遍。對於我們來說忙到一點半才去吃中餐可能很正常，但當地人不會這麼想，為了避免高峰的用餐時間能夠不人擠人的搶位子，外賣 APP 就應運而生了。只要在用餐前的半小時上網下訂單，就會有外賣騎士團的人接單，然後用電動車幫你在附近的商家取餐再直接送到你的用餐地點，有的時候訂餐到一定的金額還會免收手續費，這樣的服務對生活步調很快的上海人來說是一大便民服務。

通常外賣 APP 會依據你目前身處的地點來顯示附近的商家，要吃飯、吃麵、吃點心甚至飲料、烤肉這些都有，也可以一次訂不同家的餐點，全部一次結帳（付款的方法當然還是我前面所介紹的電子支付系統），接著就會看到有外賣騎士接單，並即時的回報目前進度如何，然後就等著送餐上門。外賣騎士們很重視評價，每次用外賣 APP 點完餐點後記得給好評，而許多年輕人也都會選擇這個方式當作兼差賺零用錢的方法。

目前最常看到的三個外賣 APP 就是「百度」、「美團」及「餓了嗎」。在街上看這些外賣騎士們，心裡默默地替他們喊聲加油！

2 大眾點評

在上海買景點門票、進餐廳吃飯或是到按摩店紓壓等，任何你在旅途中可能會遇到的消費，如果有大眾點評及電子支付系統，那麼就可以比原價要便宜七到五折之間，差價是非常大的；在當地生活這是不可或缺的一個 APP。

大眾點評 APP 可以為你省下許多
開銷

③ 百度地圖

在中國什麼都是「百度」一下，下載百度地圖是必須的。估狗大神在這邊要暫時先退居幕後休息一下，不論到哪裡，百度地圖都是至關重要的第一名下載 APP。使用方法與 GOOGLE MAP 完全一樣，但在中國的地圖資訊更新與準確度，使用百度地圖才是王道；此外百度地圖也有叫計程車的功能。

④ 上海公交與上海地鐵

上海地鐵與公交系統密度很高，所以下載 APP 也是必須的，只要輸入「起站與到達站」就會顯示最快到達的路線，至於公交 APP 則是會把行經哪幾個站牌都標示出來，對於初來乍到的旅客，用這個 APP 再比對公交車上的站名顯示，會讓你每次的旅行增加許多安全感。

⑤ 旅遊網站們：攜程、同程、途牛、去哪兒、螞蜂窩

以上這幾個都是我常用來找旅遊資訊的當地平台，如果要訂當地折扣後的景點門票、訂高鐵票、火車票，甚至比價住宿與機票都是蠻好用的。螞蜂窩裡面還有很多旅遊同好會分享攻略及點評，可以做為蒐集資料的一個小幫手。

如果以臺灣人的方便性來說，還是攜程網比較好用，因為在網站裡的消費都可以用信用卡來支付，而且客服迅速又確實，訂購確認及行前的提醒，都很即時以簡訊通知。

⑥ 手機百度

如果在參觀當地景點時，想要多了解一下更多的景點資訊及文化背景，使用 GOOGLE 速度會比較慢，加上如果沒有準備好翻牆軟體的話，平常慣用的搜尋引擎也沒辦法派上用場。最好的方法還是下載「手機百度」，用當地的百度搜尋引擎找資料，雖然跳出來的頁面都是簡體字，但如果不介意的人，是可以從這裡面看到很多在臺灣看不到的內容與資訊。

上海公交 APP 可以很準確地告訴你公車資訊

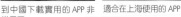

上海地鐵 APP 可以計算最省時間抵達的路線

到中國下載實用的 APP 非常重要　　適合在上海使用的 APP

行程規劃

心理小測驗

開始

Q1 你／妳喜歡看民初時代的戲劇嗎？（非常→Q4，是→Q3，不是→Q2）

Q2 你／妳對到中國旅行有興趣嗎？（是→Q5，普通→Q5，不是→Q3）

Q3 你／妳的步行體力好嗎？（是→Q6，不是→Q5）

Q4 你／妳對間諜特務的工作有幻想過嗎？（是→Q7，不是→Q5）

Q5 你／妳出國玩會重視享樂與採購嗎？（是→C，不是→D）

Q6 你／妳對「張愛玲」、「魯迅」這些民國才子才女的作品有興趣嗎？
（是→Q7，還可以→Q4，不是→A）

Q7 你平常會關注中國明星／名人的微博或公眾微信帳號嗎？（是→B，不是→D）

測驗結果

A 上海灘大亨三日遊 　　**D** 民國時光文青六日遊

B 特務迷情四日遊 　　**E** 摩登與復古穿越七日遊

C 留洋時尚五日遊

A. 上海灘大亨三日遊

Day 1 → 建議必看 靜安寺、豫園、城隍廟、喬家路、老碼頭文創園區

Day 2 → 建議必看 外白渡橋、外灘、南京路、黃浦江遊船

Day 3 → 建議必看 浦東環球金融中心、東方明珠塔、濱江大道、新天地

B. 特務迷情四日遊

Day 1 → 建議必看 虹口區：多倫路名人文化街、魯迅公園、魯迅故居、甜愛路、
猶太難民紀念館

Day 2 → 建議必看 盧灣區：孫中山故居、周公館、張學良故居、淮海中路、桃江路

行程規劃

Day 3 → 建議必看 靜安寺、萬航渡路名人故居、豫園、城隍廟、黃河路美食

Day 4 → 建議必看 外白渡橋、外灘、南京路、黃浦江遊船

C. 留洋時尚五日遊

Day 1 → 建議必看 淮海中路、新天地、五角場、大學路

Day 2 → 建議必看 泰晤士小鎮、鍾書閣

Day 3 → 建議必看 迪士尼樂園

Day 4 → 建議必看 徐家匯天主堂、韓風虹泉路商圈、汗蒸幕

Day 5 → 建議必看 浦東環球金融中心、東方明珠塔、濱江大道、外灘、南京路

D. 民國時光文青六日遊

Day 1 → 建議必看 1933 老場坊、田子坊、戀愛一條街（桃江路）

Day 2 → 建議必看 虹口區：多倫路名人文化街、魯迅公園、魯迅故居、甜愛路、
外國語大學

Day 3 → 建議必看 上海博物館、新天地、五角場、大學路、同濟大學

Day 4 → 建議必看 上海車墩影視樂園

Day 5 → 建議必看 盧灣區：孫中山故居、周公館、張學良故居、淮海中路

Day 6 → 建議必看 張愛玲故居、外白渡橋、外灘、南京路、黃浦江遊船

E. 摩登與復古穿越七日遊

Day 1 → 建議必看 上海博物館、外灘、南京路、新天地、五角場、大學路

Day 2 → 建議必看 多倫路名人文化街、魯迅公園、魯迅故居、甜愛路

Day 3 → 建議必看 迪士尼一日遊

Day 4 → 建議必看 朱家角古鎮＋七寶古鎮

Day 5 → 建議必看 崇明島一日遊

Day 6 → 建議必看 1933 老場坊、田子坊、戀愛一條街（桃江路）

Day 7 → 建議必看 浦東環球金融中心、東方明珠塔、濱江大道、韓風虹泉路商圈、汗蒸幕

交通停看聽

浦東國際機場與磁浮列車

目前大部分國際航線及航空公司都是在浦東機場（PVG）起降，由桃園國際機場出發的班機也是到浦東機場的班次選擇較多，另外，如果想買比較便宜的機票，也可以考慮到浦東機場轉機至歐洲，轉機時間較長時，還可以把行李寄存在機場，來個上海半日小旅行。

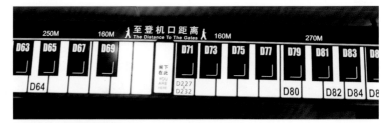

機場貼心標示距離登機門還要走多久

目前浦東機場有兩個航廈在營運，兩個航廈之間步行約需 10 ～ 15 分鐘的腳程。T2 航廈比較熱鬧，不過不管哪一個航廈內部設施都很完善，到市區的交通也很發達，除了有公交及計程車之外，地鐵 2 號線可直達市區人民廣場及靜安寺一帶，最後可以到達虹橋火車站，全程約需近兩個小時。如果想節省時間到達浦西市區的話，則需要在龍陽路站下車，轉乘磁浮列車，便可節省 40 ～ 45 分鐘左右的時間。舉例來說：浦東機場至龍陽路站搭磁浮列車，爾後轉乘 2 號線地鐵至人民廣場，則只需 40 分鐘的時間。磁浮列車單程票價 50 人民幣，而上海地鐵票則是 3 人民幣起跳。如果用上海交通卡搭地鐵轉乘磁浮列車，則優惠 10 人民幣的車資。

龍陽路站的磁浮列車購票處與乘車卡

磁浮列車乘車月台

磁浮列車車廂座椅舒適

　　還有另一種選擇是「酒店穿梭巴士」，在出境大廳有非常明顯的櫃檯，每人 68 人民幣可以直接把你載到酒店去；這個選項的價格跟搭磁浮列車差不了多少，但對於有大行李或是一家大小旅行的人來說會是最便捷省時的方式。

★註：浦東機場有免費 WIFI 可使用，可使用國外手機門號接收驗證碼。

出境大廳「酒店穿梭巴士」的服務櫃檯，只收信用卡　服務人員會引導你到機場外的候車處準備上車

小型九人座的車子相當舒適，車上還備有礦泉水可飲用

浦東機場的免費 WIFI 登入頁面

浦東機場出境樓層還有各國上網卡的販賣機，方便轉機旅客

虹橋國際機場

虹橋國際機場（SHA）是上海的舊機場，目前主要營運的路線是中國的國內航班以及臺灣、日本、韓國等地的航班為主。由松山國際機場出發的旅客可以考慮至虹橋機場，距離閔行區、長寧區較近。虹橋機場有兩個航站，大部分國際線抵達在新的第二航廈，兩個航廈間需要搭地鐵 10 號線（有一個站的距離），或是選擇公交。

機場設施也相當完善，有免費 WIFI 及插座

相較浦東機場，虹橋機場小很多（圖片由潔西卡提供）

上海地鐵

　　要在偌大的上海移動，絕對不可或缺四通八達的上海地鐵。搭乘上海地鐵儘量避免在尖峰時刻與當地人擠地鐵，尤其是在上下班時間進出幾個大的地鐵站（如：人民廣場）包管你會深切明白什麼是萬頭鑽動以及人被架空著走的情況。

紫色的交通卡

　　此外，到了上海記得去任一個地鐵站的服務窗口購買上海交通卡，無論是地鐵、公交及出租車都可以使用，且地鐵轉乘公交有優惠。卡的本身押金是 20 人民幣，在每個地鐵站或是郵局等服務據點都可充值，離開時可以到虹橋火車站、中山公園站等大一點的地鐵站辦「退卡」把押金取回來。

★註：目前人工售票加值的櫃台越來越少，建議一次可多　　加值一點，以節省排隊等候加值的時間。

在地鐵站的服務櫃檯看到這種標誌就可以購買特殊票卡

有充值、退卡等功能的機器

有些郵局也有辦理充值與退卡的服務

假使在上海旅遊的時間不超過三天，也蠻推薦買一張三日卡來使用，一張三日卡價格是 45 人民幣，72 小時內不限次數搭乘。對於有需要密切搭乘地鐵的旅客來說價格會比交通卡優惠，而且票面上的圖案很有收藏紀念的價值。

環狀路線的 3 號 4 號地鐵月台，有種在泰國搭 BTS 的錯覺

另外，搭乘上海地鐵有免費 WIFI 可以使用，如果是蘋果咬一口的使用者，直接搜尋「花生地鐵 WIFI」連線就可以了；如果是安卓用戶則要下載「花生地鐵 APP」。但不管哪一種前提都是要有中國當地的門號，第一次登入時要有這個號碼才能收到手機的驗證碼。

有一點需要注意的是上海雖然是國際大都會，但是末班地鐵結束的時間約莫都在晚上十點至十一點之間，想要玩晚一點的人要注意地鐵時間，不然就只能打車回旅館囉！

松江體育中心地鐵站

交通停看聽

遊．戲
上海

上海地鐵線路圖

（截自 2017 年 6 月版本）

這是虹口區的公交站牌，資訊標示的相當清楚

上海公交

　　上海地鐵雖然非常方便，但不是每個你想要去的地點都是「出站即達」，所以善用公交才是最節省時間與體力的方法。上海公交四通八達，下載 APP，可以很清楚的知道該搭什麼路線、哪

這是比較舊的候車亭，上面只有路線標示沒有即時車況

一個站下車及下車後要步行多久，而且大部分上海的公交候車亭也都有顯示班車即將到達時間，因此善用公交是省錢又方便的好選擇。有的時候在不是尖峰時間，跳上公交又有位子可以坐的時候，一邊看窗外風景一邊讓腳休息，是旅行中讓自己放鬆的一小段時光。

上海公交 APP 螢幕截圖，可清楚知道公交時刻及下車站名

浦西				浦东			
07:15	07:45	08:15	08:45	07:00	07:30	08:00	08:30
09:15	09:45	10:15	10:45	09:00	09:30	10:00	10:30
11:15	11:45	12:00	12:15	11:00	11:30	12:00	12:15
12:30	12:45	13:00	13:15	12:30	12:45	13:00	13:15
13:30	13:45	14:00	14:15	13:30	13:45	14:00	14:15
14:30	14:45	15:00	15:15	14:30	14:45	15:00	15:15
15:30	15:45	16:00	16:12	15:30	15:45	16:00	16:12
16:24	16:36	16:48	17:00	16:24	16:36	16:48	17:00
17:15	17:30	17:45	18:00	17:15	17:30	17:45	18:00
18:15	18:30	18:45	19:00	18:15	18:30	18:45	19:00
19:15	19:30	19:45	20:00	19:15	19:30	19:45	20:00
20:15	20:30	20:45	21:00	20:15	20:30	20:45	21:00
21:15	21:30	21:45	22:00	21:15	21:30	21:45	22:00

輪渡時刻表

上海輪渡

　　除了在黃浦江上的觀光遊船以外，「輪渡」其實是從浦西到浦東的一種交通工具，價格便宜；比起搭地鐵的波折與可能的塞車，搭船到浦東是一個不錯的方法。在外灘上的船家售票口標示著輪渡的時刻表與票價，想要嘗試的朋友，到了外灘別忘了安排一下吧！

輪渡票價一個人只要 2 人民幣

外灘的輪渡售票口

高鐵與火車

　　上海市區的火車站主要有：虹橋火車站、上海南站與上海站。其中虹橋火車站只有高鐵與動車的出發與停靠，並沒有一般的普通列車。對於觀光客而言，虹橋火車站位於京滬、滬杭、滬寧高鐵的樞紐，是比較容易選擇搭乘的起迄站。

　　不管是哪一個火車站都非常的大，在中國搭長途火車並沒有比飛機來得輕鬆，同樣需要提早2小時到火車站才是安心明智的選擇。主要原因是非持有中國身分證的旅客雖然可以在網路上訂票，但搭車時並不能憑訂票紀錄乘車，必須要到現場櫃台憑「台胞證或護照」取票，因此現場取票的櫃檯人非常多，包含中國旅客要退票、改票等都在同樣的櫃檯辦理，所以需要預留 20～30 分鐘排隊取票。

　　另外，在中國無論是搭地鐵或是火車都必須要將行李過安檢，搭火車的人比搭飛機的人多很多，等行李過安檢也要花上不少時間。不論取票、過安檢、車站大廳、搭乘月台等，這些必須要經過的地方，地點都差很遠，在車站內提著行李要完成每項程序，一定會耗費不少的時間。在開車前 3 分鐘會把通關閘口關閉，如果來不及就只能錯過班車，所以在上海搭火車務必要提早到達準備。

上海虹橋火車站人非常多

★註：1. 高鐵與動車的差別－動車的編號是 D 開頭，高鐵的編號是 G 開頭。高鐵指的是高速動車，時速在 300 公里以上，動車則是介於 200～300 公里之間。但兩者使用的車組與軌道是一樣的。

2. 2017 年最新消息是可憑臺胞證至機器取票，但並非所有火車均有可讀取臺胞證條碼的機器，出發前可先確認，以免排隊誤時。

要排隊很久才能取票成功的高鐵車票

高鐵的車廂與月台

火車站有行李寄存的服務

出租車

上海路上的計程車很多，叫計程車不像在北京或是西安一樣那麼需要靠運氣，是否要下載計程車 APP（例如：滴滴出行）可自行決定；不過在上海使用叫車 APP 的前提還是一樣要有自己的電子支付系統。再者，叫車 APP 的速度有時候不及你當下立即攔車的快速，有的時候顯示接單司機過五分鐘會抵達，但是你會發現是好幾個五分鐘，他們有可能中途去轉載其他旅客了，所以如果已經叫車了卻發現司機沒有越來越近就要當機立斷的取消。

此外上海的車牌是有分可行駛的區域範圍，如果在松江區看到橘色的計程車那麼只能在松江區一帶行駛，不能把你載到核心的上海市中心區域，這種車子起跳的價格比較便宜是 12 人民幣。其他藍色、綠色、紅色、黃色等計程車起跳價格都在 14～16 人民幣，價差是因為不同的車行。一般來說司機都會照錶收費，無需太擔心被漫天開價。

橘色車身的計程車在松江區一帶搭乘，起跳價較便宜

在上海充滿各種顏色與車型的計程車，眼夠快的話可以掃到車身上標示的「起跳價格」再決定是否要攔車。

　　上海市為了要控制車流量，領取車牌非常困難。很多人買車但卻拍不到車牌，車子停在車庫也只能養蚊子乾瞪眼。除非是領取滬C的車牌，價格相較幾萬人民幣的車牌便宜又不用花盡心思地去排隊及搶拍車牌。

　　不過滬C車牌有它的限制，必須是住在上海閔行、青埔、嘉定、松江這四區，並且住宿登記證（暫住證）要在這四區才能排滬C車牌；此外滬C最令人頭痛的是只能開到上海外環以外的區域，也就是說精華核心地段的黃浦區、靜安區、長寧區、楊浦區、虹口區、閘北區、徐匯區、盧灣區、普陀區全都沒辦法開車進去。對於好面子的上海人（或是要在上海討生活必須要顧及面子的人），開著一輛車卻掛著滬C車牌是一件丟臉的事，所以再困難他們也還是會不屈不撓的花盡可能的銀子跟時間去跟一個滬C以外的車牌奮鬥。

　　至於滬A、B、D、E、F…的車牌就沒有什麼區別，是車管所按照順序發放的。也就是說除了奇葩的滬C車牌以外，其他都可以自由在上海的內環或外環開車。也因此當我到上海時，如果看到滬C的車子，都會忍不住的想看一下車主的模樣，內心想對他說一聲辛苦了！

有一點 SAD 的滬 C 車牌

美食吃不停

黃河路美食街

黃河路距離上海市中心的人民廣場不遠，雖是短短的一條路可是知名度非常高，許多當地人及旅遊書上的美食介紹，都可以感受到對這條路上美食的熱情。來到這條路上找美食的觀光客一定不會錯過的是兩家店：一是佳家湯包、二是小楊生煎，兩家店只要經過門口通常都有客人在排隊。

1 佳家湯包

上海的湯包是出了名的，佳家湯包除了常見的肉餡口味之外，還有很多其他的內餡，例如：蟹粉、蝦仁、雞丁等，一籠 12 顆湯包從 13 人民幣起跳，這在食物價格不便宜的上海算是相當實惠的。

與小楊生煎齊名的佳家湯包

2 小楊生煎

小楊生煎的生煎包是上海知名度數一數二的小吃，跟臺灣的水煎包吃起來差不多，這家的生煎包除了常見的豬肉餡以外，還有牛肉、海鮮等口味，六顆 12 人民幣起跳，可以吃得非常飽。在上海吃這些小吃時，別忘了一定要把薑絲加上醋，可以用湯匙舀上薑絲醋，倒進吸飽湯汁的湯包或生煎包裡（要記得先咬一口），然後大口咬下，酸甜的口感配上內餡絕對齒頰留香，非常過癮。

小楊生煎在很多地方都可以看得到分店

小楊生煎包名不虛傳,真的很好吃

配上一碗牛肉冬粉是小楊生煎高 CP 值的套餐組合

　　此外來到這條路上的饕客,如果還有胃口,可以去吃仔仔烤魚,或是買杯阿姨奶茶的招牌飲品「血糯米奶茶」,更有非常多人會到國際飯店買糕餅,是人氣很高的伴手禮喔!

　　一條黃河路可以讓你吃遍上海美食。

Info

🚌 從地鐵 1 號、2 號、8 號線至人民廣場站於 9 號出口出站,過馬路即可到達。

💲 每人約 20 ～ 30 人民幣

黃河路不長但是美食不少

城隍廟美食大集錦

I 南翔饅頭

上海人稱包子叫饅頭，包肉的就是肉饅頭、包菜的就是菜饅頭，其中享譽國際的就是可以用吸管喝的「南翔饅頭」。這家店創始於清同治年間，現在則是在香港、新加坡等地都有分店。大部分遊客都是到城隍廟來吃南翔饅頭，一顆 15 人民幣，實在不便宜，但是中外遊客來到此處都還是會買上一顆，因為用吸管喝饅頭實在太特別了。吸之前喜歡吃「醋」的上海人會加少許的醋在饅頭旁，和著肉汁一起頗有上海風味。肉汁是這顆饅頭的精華，基本上吸光了，皮就一般般了。想要嚐鮮的朋友到城隍廟時，記得買一顆試試看吧！

永遠都川流不息人潮的城隍廟美食街

南翔饅頭用「吸」的，頗吸引愛嚐鮮的旅客

南翔饅頭的價目表

城隍廟裡的南翔饅頭

2 酒釀湯圓糰子

「酒釀」是用蒸熟的糯米加上麴發酵而成，有自然的清甜及酒香，在中國的華北地區、江浙、及雲南等地都很流行。至於湯圓則是大家都很熟悉用糯米做成的小丸子，可以加入酒釀煮成甜湯，臺灣則常加入桂圓及紅糖煮成另一種口味的甜湯，是冬至時的應節食品。

在上海的古鎮及城隍廟美食街裡都可以找得到酒釀湯圓，熱呼呼的湯圓賣相並不驚人，但是門庭若市加上老闆的手一直煮湯圓煮不停，熱騰騰的湯圓一碗碗的端上桌，便可知道簡單的食物最擄獲人心。吃湯圓時，別忘了把湯一起喝掉，古代人講究的「原湯化原食」是把煮湯圓的水一起喝下去，裡面充滿維它命B群，可以幫助消化，這是老祖先的智慧，也是許多人記憶中的家鄉味。

Info

🚌 從地鐵10號線至豫園站出站，步行約5～10分鐘。
💲 每人約15人民幣起跳

湯圓糰子是古鎮及城隍廟裡都會出現的傳統美食

酒釀湯圓糰子，原汁化原湯的湯圓與酒釀是溫熱的好味道

炸腐皮捲也好吃

蟹黃灌湯包

其他美食

上海的煎餃頗大，一份就蠻有飽足感的

1 鍋貼

鍋貼其實是北方傳到上海的平民小吃。在上海如果一家好吃的鍋貼大概在早上九點多之後就會售罄，近中午如果在人氣鍋貼攤子還能吃到熱騰騰的鍋貼其實不常見。最一開始鍋貼會流行與「冷掉的餃子」有關，據說慈禧太后喜歡吃熱騰騰的餃子，所以會常常丟掉冷掉的餃子，有天慈禧太后發現有人用油煎了冷掉的餃子，傳來陣陣的香味，大為欣喜，之後這道美食就從宮廷開始流傳到了民間。上海鍋貼與我們常在臺灣看到的細長型鍋貼不太一樣，長相比較圓潤接近元寶的形狀，皮比較厚一點，但油煎過的底就變得非常酥脆，沾上上海人喜歡的薑絲與醋，一盤不到 10 人民幣的鍋貼是很好吃又飽足的早餐。

2 阿姨奶茶與其他品牌的手搖飲料

在上海到處可以看得到 COCO 奶茶、一點點及貢茶等臺灣至當地開設的品牌手搖茶，價格比在臺灣貴。當地的手搖茶品牌以阿姨奶茶好評最多，最受歡迎的口味是血糯米奶茶，名字聽起來挺驚恐的，但實際上就是紫米奶茶，口感濃醇又不會太甜，如果經過阿姨奶茶連鎖茶鋪，可以買一杯喝喝看，甜度與冰塊也都可以調整。其他臺灣過去開設的手搖茶飲品牌，一點點及 COCO 都蠻成功的，雖然他們的售價都比在臺灣貴，但是有些口味的奶茶是在臺灣喝不到的，有的時候在上海趕路沒有時間好好坐下來吃飯時，先買杯手搖茶飲墊墊肚子，是蠻不錯的選擇。

一點點奶茶是臺灣五十嵐老闆去開的，但在中國的五十嵐卻跟臺灣五十嵐沒有關係

Info

$ 每人約 8 人民幣起跳

阿姨奶茶

血糯米奶茶廣受歡迎

中國的 COCO 有青稞奶茶

3 北京鹵肉卷

老北京鹵肉卷的攤子在上海各處都可看見連鎖店

上海本來就是外地人雲集的大城市，所以要在上海吃到各省的點心非常容易。在街邊就常看到東北哈爾濱的馬迭爾冰棍攤、朝鮮族的打糕等外地的食物。這個鹵肉卷算是連鎖的店家，店名雖取名老北京，但是在上海也蠻常看到的，裡面包的肉類從雞柳到豬排或是火腿都有，選項很多，最後會刷上醬料及美乃滋，加上小黃瓜及香菜等配料，一份鹵肉卷很美味又很有飽足感，是在上海趕行程中間墊肚子的好夥伴。

Info
$ 每人約 8 人民幣起跳

4 裹腳布

裹腳布的名字特別但吃起來就是像臺灣的蛋餅

上海人稱京津一帶的小吃煎餅果子為「裹腳布」，其實說穿了就是臺灣的蛋餅。不過上海的裹腳布比較特別的是除了蛋餅以外，還會在裡面包上油條，然後蛋餅捲成細長狀，乍看倒真的有點像裹腳布。這個小吃是很受歡迎的早餐，想要吃到好吃的裹腳布可以跟通勤的學生及上班族打聽，通常在街邊出現的小攤販可能就是隱藏版的美食大神啊！

Info
$ 每人約 6 人民幣起跳

5 排骨年糕

炸物「排骨」是所有人都無可抵擋的美味，搭配寧波年糕有點黏又不太黏的特性，成為上海的特色小吃。不過這裡的寧波年糕不像在臺灣看到的是一小片一小片的橢圓形，而是每片約莫半塊排骨那麼大的年糕，口感也較具有韌性。一份排骨年糕可以吃得蠻有飽足感的。寧波人吃年糕的歷史最遠可以追溯到春秋時代的伍子胥，相傳他把糧食儲藏在城牆的磚塊裡，並且告知百姓，等到戰爭糧食需求量大時可以挖磚塊來補糧，後來戰爭贏了，當地人就會在過年的時候吃年糕紀念伍子胥，漸漸地吃年糕的習俗就影響了其他地方。現在看到許多觀光資訊都會把排骨年糕選為上海小吃之一，有機會到上海不妨試一試吧！

炸排骨吃起來跟臺灣排骨便當裡的差不多，比較特別的是年糕的口感，一份吃完非常飽足

Info
$ 每人約 15 人民幣起跳

6 老上海酸奶

中國各省其實都有酸奶，在上海又格外流行用玻璃瓶包裝的老酸奶，尤其是在一些觀光客多的地方，這種上海老酸奶一瓶賣 15 人民幣，其實不便宜。但如果沒有強調是店家手工自製的，大部分並不是老一輩記憶裡的酸奶味道，只能算是用酸奶再包裝的一種飲品。不過如果喜歡喝濃郁口感優酪乳的朋友還是可以喝喝看，因為在上海的便利商店有

上海的酸奶價格都不便宜，10～15 人民幣的價格是很常見的

賣一種包裝的酸奶叫「上海記憶」，如果改到杭州去，就會變成「杭州記憶」，現在在中國這種城市記憶系列的酸奶，已經有好幾個城市發行。喜歡酸奶又有收集控的朋友，會覺得收集到不同城市的瓶子很有成就感喔！

7 鹹豆腐花

在上海的豆花攤吃到鹹豆花的比例很高，又或者是在餐廳點菜，看到豆腐花可別覺得是飯後甜點，因為十之八九都是鹹口味，倒是拿來當開胃菜還不錯。現磨的豆腐花非常滑嫩，剛端上桌的模樣就像水靈姑娘似的皮膚，賣相非常好。

上海豆腐花最特別的就是旁邊會附上幾樣配菜：蝦米、榨菜、蔥花還有特製的鹹醬汁，如果喜歡吃辣的，還可澆上幾滴辣油。舀上幾湯匙的豆腐花到碗裡，

豆花本身是沒有其他調味，可以加上自己喜歡的配料與醬料

依序加上配菜，然後拌上幾匙的醬汁，口味非常特別。

想吃上海豆腐花的地點還蠻多的，幾個觀光客必去的地方都可以看到蹤影。例如：上海老街的西施豆腐坊、城隍小吃街裡的店家、田子坊的老上海豆花等，其中田子坊這家評價頗高，到那邊感受文創風，在時尚酒吧與咖啡館消磨時間之餘，也可以考慮來碗上海豆腐花吧！

Info
$ 每人約 10 人民幣

美食吃不停

041

8 粢飯糰

　　粢飯糰就是臺灣熟悉的糯米飯糰。其實在臺灣早餐來一顆飯糰配一杯豆漿的吃法，是受到江浙一代移民的影響，所以在上海的粢飯糰其實與臺灣大同小異。不過上海的粢飯糰最單純的吃法就是蒸好的糯米包油條，單吃沒有什麼味道，如果要再加榨菜、肉鬆這些配料要另外加價；此外比較特別的上海粢飯糰有加白糖的吃法，外加撒上一些芝麻，想要品嘗跟臺灣不一樣的口感就試試甜的粢飯糰吧！

粢飯糰是常見的早餐選擇，便利商店也有販售

Info

$ 每人約 8 人民幣

9 朝鮮打糕

　　在中國 56 個民族當中，除了漢族以外，其他都可算是少數民族。其中有不少說朝鮮話的朝鮮族，與朝鮮半島的韓國有許多類似的地方。「打糕」這樣的甜點，在兩地都扮演著祝福的食物。「打糕」的食材主要是糯米，蒸熟後放在大石臼裡，用木椿搗成黏狀，之後可以加入喜愛的餡料，像是芝麻、紅豆、松子等。「打糕」吃起來跟客家人的麻糬類似，但是口感更加 Q 彈厚實，不似客家麻糬較黏。用刀切好一塊塊的打糕，模樣討喜。

Info

$ 每人約 10 人民幣

朝鮮打糕大都出現在觀光客較多的地方

10 便利商店的零嘴

　　我發現當地人蠻喜歡吃類似鴨脖子、雞翅等可以花時間嗑牙的相關滷味小點心，所以在便利商店裡，這種小點心的種類還蠻壯觀的。有的時候還可以看到迷你包的包裝，外加便利商店賣的飲料品類也有許多臺灣看不到的；所以到上海逛便利商店倒是可以花點時間小研究一下，買幾包滷味小零嘴，再搭配特別款飲料回旅館好好享用一番。

Info

$ 每人約 10 人民幣起跳

當地人非常喜歡啃零嘴，雞翅、鴨鎖骨、瓜子、花生都是他們的心頭好

⑪ 雜糧煎餅

　　這是超有飽足感的小吃，雜糧的麵糊在大平底鍋上煎成略帶酥脆口感的餅皮，依序放上蔬菜及客人想加入的內餡，例如肉排或是火腿等，然後熟練的將餅皮與內餡捲起，像是中國版的可麗餅的概念。是很多上班族及學生喜歡的街邊小吃喔！

好吃的雜糧煎餅攤常常會有很多人排隊

小小一顆非常好吃　　在上海一袋賣 10 人民幣

⑫ 砂糖橘

　　每年秋冬的時候，砂糖橘是在街邊水果攤最容易看到的水果。小小一顆皮薄汁多果肉香甜，一次吃上三、五顆解饞非常有幸福感。一袋兩斤大概是 10 人民幣，當然上海物價較貴，在其他城市也許會比較便宜一些，但是秋冬到中國吃砂糖橘真的是水果界的美好享受。

⑬ 麻辣香鍋

　　麻辣香鍋是我相當推薦的上海必吃美食，在許多大賣場、商場的美食街都可以找尋到他的蹤影。麻辣香鍋的點菜方式是用秤重的，蔬菜類、肉類、餃子及其他食材等分區挑選好自己喜歡的料之後，就會依價格秤重然後

大鍋炒好的麻辣香鍋端上來令人食指大動

「拿渡」麻辣香鍋口味很好，食材新鮮

付款。一個人大概 50 人民幣左右的價格應該可以吃得很飽。秤好重量決定價格之後，再告訴店家辣度的選擇，一定至少要選小辣，吃起來才夠勁。我覺得麻辣香鍋非常適合三、四個朋友一起吃，滿滿一大鍋會非常過癮。

14 瓦鍋飯

　　在上海很多百貨商場的美食街都有瓦鍋飯，粒粒分明的米飯用瓦鍋盛裝，吃起來像香港煲仔飯的口感，光是咀嚼米粒就已經覺得很香；配上自選的主菜，搭配套餐，一整份熱騰騰的端上桌，非常的賞心悅目又吃得很飽。

魷魚頭瓦鍋飯非常香辣好吃　　　　吃這個最重要的就是這個瓦鍋飯的口感　　「谷田稻香」是瓦鍋飯的連鎖品牌

15 火鍋：海底撈、小肥牛

　　上海的火鍋原來就是很有名的，因此到處都有知名的火鍋連鎖店，像是目前在臺灣也有分店的海底撈，標榜五星級的服務以及新鮮的食材。此外小肥牛火鍋也有許多支持者。不過在中國這些人氣高的餐廳都不接受訂位，但是當地人的「飯點」很準時，所以只要提早半小時或是晚半小時去拿號碼等位子，應該不會等太久就可以吃得到。而上海的海底撈火鍋最讓人津津樂道的，就是在等位子的時候會有免費的美甲服務。

小肥牛的鴛鴦鍋湯頭很棒（照片由賴冠汝提供）　　　海底撈最有名是提供免費美甲服務給等位的客人（照片由賴冠汝提供）

海底撈可以一次選四種口味的湯底，火鍋吃起來好過癮（照片由賴冠汝提供）

可當伴手禮的美食

1 大白兔奶糖

在中國有一句話叫「七顆大白兔奶糖可以泡成一杯牛奶」。雖然那是在早期物資缺乏的年代流行的話，但直到今日大白兔奶糖還是很熱門的糖果。大白兔奶糖是上海老牌企業冠生園生產的糖果，早期還曾經被當作外交禮物，送給美國總統尼克森先生。因為包裝簡單討喜，加上口味仍不失傳統牛奶糖的味道，所以許多人到南京路上的第一食品廠，或是像上海老街這些觀光客多的地方，看到這款糖果，都會忍不住買上幾包當作禮物送人。

很適合送禮及當過年點心的大白兔奶糖

$ 約 15 人民幣

2 哈爾濱食品廠

位在淮海中路上的老牌糕點店，這裡原來是著名的法租界，早期的名字是霞飛路。早年這裡就充滿西方人及俄國貴族，西方糕點好吃也就不在話下。最著名的是核桃排、杏仁排、奶油曲奇、巧克力曲奇等奶香味濃厚，賣相樸實的鬆脆點心。秤重 500 克或 1,000 克計價，相同價格的可以混搭在同一袋；送人的話會附上小盒子。

來這裡的人大多是上了年紀的上海本地老客戶，而且每個進去的客人選購點心口味各個都快狠準，所以進去之後可以先站在後面把想吃的口味及數量牢記在心裡，到櫃檯之後就可以流暢的完成選購，不然擋在前面猶豫不決的，很容易就被擠到後面去要再重來一次啦！

位在淮海中路上的第一食品廠是上海人的糕點心頭好

Info
🏠 淮海中路 615 號
🚇 從地鐵 1 號、10 號、12 號線陝西南路站出站，步行約 10 分鐘。
$ 每人約 50 人民幣

每樣糕點的標價

琳瑯滿目的西點

遊戲·上海

3 襪底酥

　　「襪底酥」的名字很難跟好吃的甜點聯想在一起，不過它是有一段典故。南宋孝宗因為國事纏身胃口不佳，他的妃子就想趁皇帝午睡時，抓緊時間做糕餅給皇帝嘗嘗。情急之下包著甜餡的餅沒有捏成很好看的樣子，灑上的黑芝麻遠看像是針腳的縫線。當皇帝醒來睡眼惺忪地看到前方一疊的餅，遠看像一疊的襪底，詢問旁人為什麼愛妃要縫這麼多襪底擺在這裡，後來發現是包著甜餡的餅，皇帝一口吃下覺得皮薄又很酥脆，內餡甜而不膩，從此這個甜點就稱為「襪底酥」，也變成南宋的宮廷點心。

　　現在在上海的朱家角古鎮以及周庄、西塘、同里等水鄉古鎮都可以看到它的蹤影。價格不貴，店家也都會包裝得很適合託運，所以不管是自己吃或是當伴手禮都是不錯的選擇喔！

Info
$ 約 10 人民幣

朱家角古鎮的襪底酥口味多，買來送禮也不錯

住宿好好睡

在上海這麼大的城市，雖然地鐵及公交四通八達，但是選旅館一定要選在一些精華路線的地鐵站附近，我自己最推薦的地鐵線是 10 號線、2 號線。這兩條線經過的景點很多，對於遊客來說很省事，轉乘要去其他區的地鐵，如：3、4、8、9 號線等都算方便；亦或是選擇人民廣場附近的旅館，因為地處上海核心，轉乘公交及地鐵都會省去不少旅途奔波的時間。

上海的物價比其他城市高，住宿也是，但基本上大概 1,200 ～ 1,500 臺幣左右可以住到乾淨又交通方便的旅館。此外在陸家嘴及其他觀光客較多的地鐵站附近也都有許多背包客旅館，一個床位大概是 500 臺幣左右。不過要注意的是上海有許多旅館是不接受沒有中國身分證的旅客入住，因此在訂房網查詢或是請朋友代訂的時候要多留意一下。

和平飯店

這是一家歷史名店，於 1956 年開業，前身是華懋飯店，是由當時英國籍的猶太富商第四代維克多·沙遜（Victor Sassoon）旗下的產業投資興建的一棟大樓，大樓本身有九層樓，名叫沙遜大樓（Sassoon House）。其中 5 ～ 9 層用作飯店。墨綠色的三角頂是最著名的外灘地標，從南京東路地鐵站出站後，只要看到這個標誌往前走就沒有錯。

如果旅遊預算足夠，外加對上海灘的風華絕代著迷的話，倒是可以選擇住在和平飯店一晚體驗一下這個過去各國重要領袖及知名人物都下榻過的飯店。如果在訂房網站預定的房價一晚大概在 8,000 塊臺幣上下，倒也不是那麼遙不可及。如果沒有預算的朋友也別灰心，直接進和平飯店的大廳參觀，感受尊榮也是到外灘旅遊的景點之一。

相當顯眼的綠色金字塔屋頂

Info

⌂ 上海市黃浦區南京東路 20 號

📞 86-21-6138-6888

🚌 1. 搭乘機場酒店穿梭巴士到旅館，每人 68 塊人民幣，直接送至旅館門口。

2. 搭乘 2 號線地鐵至南京東路站 6 號口下車，步行約 10 ～ 15 分鐘，或是搭出租車。

💲 可至 booking.com、Agoda、攜程網等網站訂房查詢價格

🖥 http://www.fairmont.cn/peace-hotel-shanghai/

◎信 用 卡：可　　◎早　　餐：須額外付費
◎冷　　氣：有　　◎暖　　氣：有
◎電　　視：有　　◎無線網路：有
◎房間打掃：有　　◎衛浴設備：有
◎電　　梯：有

和平飯店外觀

和平飯店側門口

天花板及吊燈相當華麗

上海赤忱旅館

　　這是我自己很喜歡的一間旅館，交通真的非常方便，距離 9 號線地鐵的小南門站只要過一個馬路就到了。旅館附近是老上海風貌的喬家路，有石庫門的舊房子以及街坊鄰里的日常生活。雜貨店、小吃店及小攤販都有，所以在附近食物的物價很便宜，白天跟晚上的附近都有上海居民生活的熱鬧感。

　　旅館有含衛浴的套房也有共用衛浴的背包客床位房，來這裡住的西方遊客也蠻多的，雙人套房一個晚上價格大概是 1,300 臺幣左右，房間的布置相當活潑可愛，入夜之後也不吵雜，住起來相當舒服，是我很推薦的一家旅館。

在中國各地支付寶及當地銀行所發的銀聯卡消費才是最方便的，很多旅館都不接受信用卡

Info

🏠 上海市黃浦區喬家路 21 號

📞 86-400-688-6687（客房預訂電話）

🚌 1. 搭乘機場酒店穿梭巴士到旅館，每人 68 人民幣，直接送至旅館門口。
　　2. 搭乘 9 線地鐵至小南門路站 2 號口出站，步行 1 分鐘即達步。

💲 可至 booking.com、Agoda、攜程網等網站訂房查詢價格

◎ 信 用 卡：無　　◎ 早　　餐：需額外付費
◎ 冷　　氣：有　　◎ 暖　　氣：有
◎ 電　　視：有　　◎ 無線網路：有
◎ 房間打掃：有　　◎ 衛浴設備：有
◎ 電　　梯：無

活潑且色彩豐富的旅館大廳及免費使用電腦的區域

旅館的大門

海洋風的房間布置

活潑的休閒空間設計

浴室很大很寬敞

漢庭連鎖酒店（上海復旦店）

漢庭酒店是華住集團旗下的創始品牌，現在在全中國兩百多個城市的分店超過 1,500 多間。採取的是經濟式的標準化酒店，是中國許多平價連鎖酒店當中評價及信任程度都在中上的連鎖旅館。目前這個集團旗下另外有「海友」、「星程」、「全季」等七大品牌。

由於中國有蠻多負面新聞是討論這些大型的連鎖酒店，關於床單乾淨與否及酒店門禁管理鬆散等問題，因此我一直都沒有把連鎖旅館當作在中國旅行的首選。不過後來發現如果要選擇這樣的連鎖旅館，地點也是很重要的，價格與入住旅客的水準及旅館水平都會有所差異；像是這間靠近復旦大學的漢庭酒店就非常的好，物超所值；加上附近是頂尖大學，因此這家旅館的生意不錯，並且往來的旅客看起來都以商務或出差等性質居多，也令人比較安心

很舒服的大床房，一個晚上約 1,200 臺幣

因為是標準化的酒店，所以旅館房間該有的一應俱全，空間寬敞，高床軟枕的住起來很舒適。在中國住旅館的小確幸之一就是可以用外賣 APP 訂一大堆宵夜到旅館來，連大門都不用出去就可以在房間享用各式各樣的宵夜，一邊看電視一邊吃東西真是最舒服的住房享受啊！

此外旅館的大廳還有提供飲品的自助機器，只要刷房卡就可以免費享用。

明亮乾淨的浴室

Info

 上海市虹口區松花江路 2628 號

📞 86-21-6143-4888

🚌 1. 搭乘機場酒店穿梭巴士到旅館，每人 68 人民幣，直接送至旅館門口。
　　2. 搭乘 10 號線地鐵至國權路站 4 號出口下車，搭出租車前往車資約 16 人民幣。

💲 可至 booking.com、Agoda、攜程網等網站訂房查詢價格

🖥 http://www.huazhu.com/

◎信用卡：無	◎早　餐：無	◎冷　氣：有
◎暖　氣：有	◎電　視：有	◎無線網路：有
◎房間打掃：有	◎衛浴設備：有	◎電　梯：有

大廳提供的飲品自助機器，房客可免費享用

開始穿越
魔都「上海」前
可以準備
的小物

1、與戲劇相關的書籍

上海最美的書店就是鍾書閣了，當然它有幾家分店，也未必一定要到遙遠的松江區，在閔行區也有一間分店設計的也很棒。此外在上海還有一條福州路文化街，這裡書店密集，除了大書店如：上海書城、大眾書局及新華書局以外，還有其他的小書店，要新書、二手書及各種書籍這裡都找得到，除了書本以外，這裡還可以買到筆墨紙硯與圖紙，是富有文化氣息的一條街。

這裡距離人民廣場與南京東路都不是太遠，喜歡原著小說的朋友，到這裡可以找到各大作家的作品，當然藏書量之豐富也是遠遠超過在臺灣能夠看到的範圍。在當地買書的價格也比在臺灣便宜，如果對看簡體字沒有太多障礙的朋友，到這裡逛書店肯定收穫豐富。

福州路上的上海書城

新華書城非常大間

這裡還有一些文具圖書小店

2、RIO 氣泡酒

陸劇的置入性行銷相信大家都可以明顯的感受，尤其是近幾年來，凡是收視熱烈討論度高的幾部連續劇，裡面都可以看到這款 RIO 氣泡酒。從《微微一笑很傾城》中的肖奈大神請微微喝的第一瓶飲料就是這瓶彩色的水果氣泡酒。楊冪主演的《親愛的翻譯官》中，男主角黃軒用易開罐裝的 RIO 做了好大的花束向女主角表白；趙麗穎的《杉杉來了》當中與閨蜜一起聊天時手上拿的飲料也一定是 RIO，她還會在情緒低落時喝上一瓶讓自己「滿血復活」。

而我最喜歡的《何以笙簫默》當中，律師所的同事們到何律師家中開派對時，也是這款彩色氣泡酒。

因此喜歡看連續劇的朋友們，到上海的雜貨店買飲料的話，可以試試看這款氣泡酒，便利商店買不到這款飲料，但是中小型的雜貨店都可以看得到，不過玻璃瓶裝的價格並不便宜，從 13 ～ 19 人民幣都有，顏色來說蜜桃、橘子、葡萄這

蘋果味道的 RIO

玻璃罐裝的彩色氣泡酒，擺在架上真的很有購買慾

幾個好評較多，但我自己是喜歡每次都買不同顏色的來試試看，感覺就像吃柏蒂全口味豆的心情一樣。易開罐包裝的便宜許多，也比較好託運帶回臺灣。

雖然說這是水果氣泡酒，酒精濃度 3.8%，但它畢竟還是酒，所以不勝酒力還是要小心飲用避免過量。當然最重要的還是「喝酒不開車」喔！

易開罐包裝的價格比較便宜

位在福建中路上的謝馥春實體店面

在店裡可以把各種味道的香粉聞個過癮，選一個最喜歡的買回家

桂花頭油（左上）是人氣商品，胭脂（右上）著色度及持久度都很夠，經典的鴨蛋香粉（下方），不用敲破它就可以慢慢的用

3、謝馥春美膚保養品

這款保養品的品牌歷史悠久，清道光 10 年（1830 年）就成立，也是中國第一家化妝品產業。它標榜的是東方化、天然化、人本化，強調所有使用的材料都是純天然的，用它們家品牌的美膚品或化妝品只會越用越美。過去這裡的香粉品質就是數一數二的好，作為宮廷貢品之用。

它們家的明星商品是鴨蛋香粉，其中桂花味道最是經典，價格從 25 人民幣到近 200 人民幣的都有，價格不同用途不同。便宜的是可以用作衣櫃薰香、再高級一等的可以用做身體的香粉順便讓自己的皮膚更滑嫩，最上等的是加了中藥配方的香粉，這個當然是用在臉蛋上。此外像是腮紅的胭脂盒包裝相當古典、還有桂花頭油可以用做保養頭皮跟護髮，一邊用著頭油，還可以一邊想像古代嬪妃用梳子請丫環鬢頭的模樣。

這個品牌目前只有在上海有店面，而且店面數量不超過五間，算是老上海的人才會知道的好東西，許多外地人到上海工作居住的都不見得知道這個牌子，不過日本人倒是旅遊情報做得很仔細，所以熟門熟路的日本觀光客都會按圖索驥的來謝馥春掃購，因為品質不錯價格也很實惠，所以大部分的人都會一試成主顧，送禮自用兩相宜。目前這個品牌也開發更多的產品，例如價格實惠的保濕霜及護手霜，有興趣的朋友可以找實體店面去試用一下喔！

搭 BIG BUS
遊上海

上海非常的大，如果時間及體力有限，不妨考慮買觀光巴士的乘車券，讓車子帶著你遊覽上海。你可以在喜歡的地方下車參觀，如果累了就一直坐在巴士上遊車河看風景，也是很恢意的一種玩法。買觀光巴士券就有附贈一張簡單的上海地圖，告訴你三條路線的觀光巴士停靠哪些地點；此外也有附贈耳機，隨時聽語音介紹對應眼前經過的風景也是很棒的。

觀光巴士的內部，搭乘的人不會太多，坐起來蠻舒服的　　　　BUS TOUR 的外觀，不管哪一條顏色的路線都是這個顏色的巴士

購票方式

1、**上網訂購：**如果沒有當地門號及支付寶系統的朋友可以用「攜程網」訂票，三種顏色的路線都要搭的話價格比較貴，只選一種顏色的路線會相對便宜。在網路上訂票的價格是最實惠的，因為會搭配一些景點的優惠門票一起做旅遊套餐，價格都會比現場票要便宜。取票地點最熱鬧容易到達的地方就在南京路上，從第一次乘車開始計算 24 小時內隨上隨下均有效。

2、**當場購買：**在一些比較大的站牌都會有流動櫃台，例如：人民廣場新世界旁的觀光巴士乘車點，或是外灘旁的站牌，看到這樣的服務小亭就可以直接向售票人員購買。買票時考慮清楚自己的時間與想去的地方，如果不需要去到那麼多地方，單買一條路線的觀光巴士票會便宜許多。

3、**出發前小提醒：**如果想買優惠的景點門票但又沒有當地的門號及支付寶系統，可以在出發前上臺灣的旅遊平台（如：KKday）用信用卡支付優惠的景點門票，還省去被扣跨國手續費的困擾呢！

4、**搭車小提醒：**車票紙張很薄，在使用期限內要小心保管，每次上車前都會驗票。

我在網路上預訂再去取票亭印
出來的車票,很容易被揉爛要
小心保管

南京路上的取票亭

觀光巴士的站牌與看板

營運時間

09：00 ～ 17：00。

紅線：經典大上海

- 南京路（新世界城）→人民廣場→上海美術館→南京路步行街→外灘 A 站→外灘 B 站→
十六鋪浦江游覽碼頭→豫園→新天地─南京路（新世界城）
- 參考發班時間：09：00 ～ 17：00，車次間隔半小時一班。

豫園的觀光巴士站牌上車處

1 南京路步行街

申報歷史專欄

在民國八年的五四運動結束之後，勞工等勢力開始崛起，加上帝國主義在中國的橫行，漸漸的形成一股反帝運動，其中最著名的就是「五卅慘案」。這起反帝運動的起因是因為 1925 年上海日商槍殺華工，引發大規模排外的愛國運動。這場運動也是國共第一次合作之後策畫的大型民眾運動，之後在廣州及香港等地陸續引發同類型的罷工，例如同年 6 月在廣州的「沙基慘案」，以及 1926 年的「省港大罷工」。

「五卅慘案」的發生地就在南京路 766 號，泰康食品商店門前，目前設有紀念碑在此處。

鴉片戰爭之後，上海成為通商口岸。今天的南京路是當年的英租界，還來成為英美法公共租界。當初洋人在這裡興建跑馬場，加上許多洋人會騎馬在路上，因此稱作「馬路」，今天上海市區重要的地標「人民廣場」就是由過去的跑馬廳改建的。這條路是上海第一條商業街，東起外灘，西至延安西路，橫跨黃浦及靜安兩區，並以西藏中路分成南京東路與南京西路兩邊。

如果有腳力及耐心，南京東路可以走到外灘，南京西路則可以抵達靜安寺；一條南京路可以看遍上海核心地區的精華景點以及感受繁榮商業十里洋場的魅力。南京路上有逛不盡的百貨公司及各種國際連鎖品牌名店；此外還有許多老字號的商店也都在此。這裡是所有到上海的人都不會錯過的地方，無論日與夜都充滿人潮與買氣。

南京路步行街的地標拍照點

Info

🚌 除了觀光巴士之外，可搭地鐵 2 號、10 號線至南京東路站步行即可到達。

🕐 全日　　　　　　$ 免費

南京路蠻長的，長輩與小朋友考慮體力可以考慮搭觀光車（需購票）

過去曾發生「五卅慘案」的南京路現在的熱鬧模樣

遊戲上海

南京路上復古建築與現代交錯的夜景

南京路街景

申報文藝專欄

　　所謂步行街，就是指行人徒步區，表示這個地區是非常適合走走看看，琳瑯滿目的櫥窗、食指大動的美味，比比皆是。現在人習慣稱這種活動為「壓馬路」，那麼古人壓不壓馬路呢？在古典詩詞當中，我們發現古人也非常習慣散步，例如：蘇軾在中秋節月下散步時，想到弟弟蘇轍，所寫的一首膾炙人口的作品〈水調歌頭〉：「**人有悲歡離合，月有陰晴圓缺，此事古難全。但願人長久，千里共嬋娟。**」

　　在紅樓夢當中，林黛玉和史湘雲在園中賞月散步，聽到有人吹笛。月華皎潔，笛韻悠揚，黛玉與湘雲二人雅興大發，就玩起了類似現今小孩玩的「成語接龍」對句遊戲，湘雲有了靈感，就出了個上句的題目〈寒塘渡鶴影〉，要黛玉對下一句。黛玉想了片刻，想到的對句是「**冷月葬花魂**」。萬萬沒有想到，這兩句竟然暗示了美人的結局：史湘雲命運孤單悲舛，林黛玉葬花魂歸離恨天。冥冥之中，自有定數啊！

2 人民廣場

申報歷史專欄

人民廣場的前身是上海跑馬場，從 19 世紀中期開始時一直到 1951 年近百年的時間，都是跑馬場。中華人民共和國建國以後，1951 年收回此地改成人民廣場。過去跑馬場的經營以英國人為最大股東，當年只要是任何外國國籍者都可以申請加入跑馬總會的會員（這個地方當年有規定華人不許入內）。

看到「華人不許入內」這句話不禁令人聯想起李小龍在電影《精武門》裡，踢破「華人與狗不許入內」招牌的那個經典橋段，到底真實歷史上有沒有這種牌子？

實際上是規定：除了身為洋人的僕人以外，一般華人不准入內；有人豢養及帶嘴套的狗才准入內，所以華人與狗其實是分開成兩條有附帶標準的規定，「華人與狗」並沒有連在一起。

人民廣場位處三條地鐵交會之處

上海極精華的市中心有這樣一片公園綠地，再加上這裡也是上海公路零公里標誌設置點，就可以想見人民廣場是多麼重要的地標及交通樞紐。所以我相當建議第一次到上海旅遊的朋友可以把旅館訂在人民廣場附近，從這裡出發要到上海各個區域會比較節省轉乘的時間。

這裡除了有地鐵 1、2、8 號交會以外，數十條公交路線都會經過這裡。這裡距離南京路、上海博物館、外灘、豫園等上海必打卡的知名景點都可以用步行到達。人民廣場本身是一個大公園，裡面有露天咖啡館以及地鐵口旁有「一點點」手搖茶飲。如果在這裡散步，天氣好的時候看到鴿子群飛起畫過的天際線，其實蠻美的。

人民廣場到上海市區的精華景點步行都可到達

Info

🚌 除了觀光巴士之外，可搭地鐵 1 號、2 號、8 號線至人民廣場站步行即可到達。

🕐 全日

💲 免費

申報文藝專欄

　　人民廣場有一片廣大綠地，常常可以看見悠閒的行人與陪著主人散步的家犬。在豢養的家畜當中，靈犬的聰慧與人類親近的習性，是許多人將之視為家庭一分子的重要依據。有名的日本狗明星「大介」經常在節目裡陪著訪問各地，前總統馬英九的「馬小九」，美國前總統歐巴馬的「小波」和「桑妮」在白宮人氣指數也很高，要當親善大使、幫忙修理記者、陪著前第一夫人蜜雪兒訪問育幼院，平常的行程也是非常忙碌喔！甚至，有小偷還想綁架這兩隻白宮神犬呢！

　　古人與狗的感情也很好，最早在《詩經‧小雅‧巧言》篇中提到：「躍躍狡兔，遇犬獲之。」就可以看出，狗與主人打獵的相伴場景。蘇軾也有一首《詠犬》佳作，讚美他所豢養的犬：「**晝馴識賓客，夜悍為門戶。知我當北還，掉尾喜欲舞。跳踉趁童僕，吐舌喘汗雨。**」白天與熟客親近，夜晚看緊門戶，與主人的感情深厚，搖尾吐舌表達情感的模樣，蘇軾寫來也是活靈活現，非常可愛。

新世界百貨是人民廣場旁的顯眼地標

人民廣場是一個很大的商圈，接近南京路

人民公園裡的公共設施

從人民廣場看上海城市規劃展示館的特色建築

③ 外灘與萬國博覽建築群

申報歷史專欄

　　在外灘的萬國建築博覽群當中，位在9號的「輪船招商總局」是歷史最悠久的。它成立於清同治12年（1873年），是清末英法聯軍戰敗後，清朝第一次興起的大規模的改革變法「自強運動」。原來這個自強運動重視學習西方的洋槍重砲，福州船政局與江南機器製造局這些都耗費許多經費，而上海這個由李鴻章一手策畫的輪船招商局，在官督商辦的前提下開設成功，是與民生經濟較為相關的一項改革內容。而這個輪船招商局也是臺灣陽明海運的前身喔！

　　外灘是一個幾乎要跟上海劃上等號的名詞，來到上海不來外灘就像去紐約沒去時代廣場一樣令人感到遺憾。雖然外灘的夜景很美，但我建議在太陽還未下山之前先來到外灘散步，先細看這條現今為「銀行大街」的百年建築群，再隔著黃浦江遠看對面的浦東景色。也許你可以在這裡選擇入夜之後繼續漫步在1.5公里長的外灘大道上，欣賞五彩繽紛的燈光，感受最道地的夜上海魅力，又或者可以在這裡選搭觀光渡輪用一小時的時間看盡浦西與浦東的絕代風華；不過想看燈光夜景的朋友要注意這裡晚上十點就會熄燈。

　　這裡除了是觀光客必來的地點，也是當地的戀愛聖地，是上海人告白、約會都不可以錯過的共同記憶。美國華裔作家馮麗莎作品《雪花與秘扇》，改編成的電影是由好萊塢巨星休傑克曼（Hugh Michael Jackman）與李冰冰及全智賢主演的。劇中的其中一場外景就在外灘拍攝。當然，

遊.戲.
上海

古典建築風格海關大樓，以時鐘作為建築特色

「輪船招商局」是外灘萬國博覽建築群中最早的建築

紅色外牆的輪船招商局走過去就是中國電報大樓

往綠色金字塔屋頂的和平飯店方向前進

中外電影只要有上海這座城市，都不免會出現外灘的萬國博覽建築群的空拍場景，來代表這座城市，可見外灘之於上海的重要性了。

　　步行外灘是一件頗費體力的事，雖然景色很美，但是因為人也很多，加上沿途沒有什麼可以停下來喝喝東西及遮蔽陽光或寒風的地方。所以如果要細賞外灘千萬要保留體力，以及吃飽一些再來與它做近距離接觸吧！此外在一些重要假期，例如：聖誕夜、跨年夜等節目，就儘量避免來這裡人擠人。

Info

🚌 除了觀光巴士之外，可搭地鐵 2 號、10 號線至南京東路站或豫園站出站後約步行 15 分鐘可到達。

🕐 全日　　　　　　　　💲 免費

申報文藝專欄

　　提到韓國「國民女神」全智賢，不免會琅琅細數她眾多有名的戲劇作品：早期清純的《我的野蠻女友》，到與外星人談戀愛的《來自星星的你》，近期化身為美人魚穿梭古今的《藍色海洋的傳說》即使婚後懷孕生子，仍然美貌身材如昔。這樣的美人兒，在古時候也很多：例如「回眸一笑百媚生」的楊貴妃、「出水芙蓉」的洛神。美人多才多藝，琴棋書畫自然常伴君王身旁，若是來自大海的美人魚，與陸地上的王子有言語上的隔閡，該要怎麼表達情愫呢？由《雪花與秘扇》裡特殊文字「女書」，想起古代女子的一首詩：「**相思欲寄無從寄，畫個圈兒替。話在圈兒外，心在圈兒裡。我密密加圈，你須密密知儂意。單圈兒是我，雙圈兒是你。整圈兒是團圓，破圈兒是別離。還有那訴不盡的相思，把一路圈兒圈到底。**」不識之無也行，只要有心畫圈圈，也能表達情意，是吧！

4 外白渡橋與英雄紀念塔廣場

申報歷史專欄

外白渡橋建於 1907 年，可以說是見證百年來的租界與日本侵華的歷史。1929 年「經濟大恐慌」之後，促使日本加速走向軍國主義向外擴張侵略。暨 1931 年的東北「九一八事件」後，又繼續由著名特務川島芳子策畫「一二八事件」。當時日軍占領上海許多區域，住在閘北區的人都想通過這座外白渡橋擠到公共租界的中區來躲避戰火。之後在外國勢力的干預之下，終於在同年 5 月簽下《淞滬停戰協定》結束幾個月來的上海戰亂。

外白渡橋的地標拍照處

是不是很熟悉的上海印象風景物之一

外灘的最北側就是人民英雄紀念碑，這裡過去是著名的「黃浦公園」，就是規定「華人與狗」不能進入的地方之一。現今這裡是欣賞浦東景色取景的絕佳地點，在這裡拍照比在萬國建築博覽群那一帶的外灘還要更加集中更好看。

人民英雄紀念塔是紀念鴉片戰爭、五四運動及國共內戰中犧牲的烈士們，而紀念塔旁就可以看到外白渡橋，這裡同時也是蘇州河與黃浦江的交會點。而來到這裡的另一個亮點就是外白渡橋，許多著名戲劇都有它的身影。例如《新上海灘》、《情深深雨濛濛》，此外林依晨主演的《追婚日記》及劉亦菲與宋承憲主演的《第三種愛情》也都出現過。外白渡橋入鏡的需求量大到必須在松江區的「車墩影視樂園」複製一個迷你版的外白渡橋，來應付源源不絕的拍攝工作。

這裡過去是虹口區與黃浦區的通道

Info

🚌 除了觀光巴士之外，可搭地鐵 2 號、10 號線至南京東路站出站後約步行 15 分鐘可到達，或於人民廣場站下車搭乘 37 路公車至中山東一路南京東路站下車。

🕐 全日

💲 免費

從外白渡橋拍浦東的景色，比在外灘上拍的要更集中更好看

外白渡橋，可是鼎鼎有名的拍攝場景呢！尤其是夜晚燈光閃爍，手牽伊人，伴隨夜風習習吹拂，霓虹般浪漫鎖住彼此眼眸，愛情順著江水而生，最後終結在外白渡橋。許多電影與戲劇作品，更不能錯過這愛情橋，瓊瑤《情深深雨濛濛》，趙薇扮演的陸依萍，從外白渡橋一躍而下，引起軒然大波，一段糾葛的愛情從此萌芽。香港電影《大城小事》，一開場黎明就開車駛過鋼架結構的外白渡橋。甚至，由李安執導，根據 1979 年張愛玲短篇小說改編的電影《色戒》，不可免俗的也取景這座名橋風光。滾滾江水從橋下過，不由得讓人想起種種情節引起的愁緒，瓊瑤的歌詞寫得很好：「情深深雨濛濛，世界只在你眼中，相逢不晚，為何匆匆，山山水水幾萬重，一曲高歌千行淚，情在迴腸盪氣中。 情深深雨濛濛，天也無盡地無窮，高樓望斷，情有獨鍾，盼過春夏和秋冬，盼來盼去盼不盡，天涯何處是歸鴻。」

由同濟大學設計出的人民英雄紀念碑的三槍牌造型

5 豫園與城隍廟

申報歷史專欄

明末崇禎年間有第一部中國園林的專書問世，書名是《園冶》，作者是計成，過去在中國一直少有人談論，但上個世紀開始有英語及法語版譯本。書中對於園林建造，從園址選擇到建築布局、借景等細節都闡述詳細。

書中表達了園林必須要三分匠七分主人，亦即必須呈現造景設計師的特色，此外尊重自然以及借物巧妙表達意境都是書中的重點，書本身薄薄的一本，但蘊含園林建築的精髓。

上海豫園與城隍廟雖然是連在一起的景點，但需要各自買門票進去。這裡是老上海的另一種風貌，撇開殖民及略帶洋氣的歷史，是屬於中國傳統文化風貌的一面，因此吸引非常多西方觀光客到這裡，在旅遊書上的名氣響叮噹，知名度不輸外灘。

豫園是明代的私人園林，始建於明代嘉靖至萬曆年間，園中有著名的江南三大名石之一的「玉玲瓏」，整座園林有「奇秀甲于東南」的盛譽，這座園林的優點在於位在市中心，是上海五座園林之中唯一位在市中心的。從地鐵 10 號線出站後，步行至豫園的途中會先經過上海老街，這裡賣著許多中國風的紀念品，不過我覺得這對於臺灣人而言並沒有什麼吸引力，

地鐵、公交或從人民廣場方向都可以到達豫園

從地鐵站步行至豫園會先經過上海老街

一路步行到豫園商圈，就是許多介紹上海知名美食時會出現的老店都在其中，九曲橋與湖心亭旁充滿著美食名店，例如南翔包子與綠波廊。也許因為美食所以這裡非常熱鬧，當然混和著食物、垃圾及人聲鼎沸，反倒失去了需要靜謐欣賞老建築的心情。

　　豫園的內部範圍很大，曲徑通幽，別有洞天，如果喜歡江南園林景致的人倒是可以依循路線好好遊覽一番。至於城隍廟則是上海最主要的道觀，主要供奉秦裕伯、霍光、陳化成三位城隍。

Info

🚌 除了觀光巴士之外，可搭地鐵 10 號線至豫園站出站後約步行 5 ～ 8 分鐘可到達。或公交 11、304、736、926 均可到達。

🕐 旺季 08：30 ～ 17：30 ／
淡季 08：30 ～ 17：00

💲 豫園：旺季 40 人民幣／淡季 30 人民幣（進入城隍廟另需收費）

上海老街到處都是中國風紀念品的商店

豫園及城隍廟都需分別購票進入

綠波廊是很多國外名人曾蒞臨的著名餐廳

搭 BIG BUS 遊上海

遊戲
上海

申報文藝專欄

　說起中國園林，最有名當然是江南園林景致。《園冶》一書所寫「多方勝境，咫尺山林」。古人在遨遊名山大川中，領略大自然的薰陶，把在自然中、生活中的感受，表現在文字中則成為詩詞；表現在繪畫中就成為中國山水畫；表現在有限庭園空間中就形成了中國園林。中國園林，實際上就是將宏偉秀麗的河山，用寫意的方法重現在一定的空間範圍內。園林當中，最常見的是芭蕉樹，生機益然、枝葉茂盛的芭蕉，讓人想起了一個甜蜜的小故事：清朝浙江秀才蔣坦，一日聽見庭院中芭蕉葉伴隨著蕭蕭颯颯的風聲，興起了文人的惆悵憂傷，在芭蕉葉上題詩句：「**是誰多事種芭蕉，早也瀟瀟，晚也瀟瀟。**」可愛的妻子秋芙續曰：「**是君心緒太無聊，種了芭蕉，又怨芭蕉。**」從幽默的文字對話，更可以看出鶼鰈情深的情趣呢！

明代園林重視奇石造景

典型的明代風格室內布置

6 新天地

申報歷史專欄

　　第一次世界大戰結束後，美國總統威爾遜先生提出「民族自決」的思潮在世界掀起熱潮。19 世紀以來帝國主義的侵略與擴張在各地有非常多的殖民地，這其中當然包括臺灣，因此這股思潮在臺灣掀起了日治時代著名的「議會設置請願運動」（1921 ～ 1934 年），在中國影響了「五四運動」（1919 年），在當時同為日本殖民地的朝鮮也興起了「三一運動」（1919 年）。

　　「三一運動」發生後，以孫秉熙及李承晚為主的三十三位民運人士，發表獨立宣言，但遭日本政府鎮壓，後來有志之士部分流亡至俄國及中國，其中在上海的民運分子成立了「大韓民國臨時政府」，由李承晚擔任國務總理，而他也是日後南韓的首任總統。

　　新天地是 21 世紀初期地產商在上海的一項開發計畫，而且發展得非常成功，把上海特有的石庫門與現代時尚做結合，讓這裡成為上海時尚與文青的代表地點；也是西方遊客喜歡來閒逛及吃飯的地方。

　　如果是搭乘地鐵 1 號線可以在黃陂南路下車，沿著路走就可以來到位在興業路上的中共一大會址，這是 1921 年中國共產黨第一次舉行全國代表大會的地點，參加的人有毛澤東等人。這場會議後來被法租界的巡捕房搜查，所以在上海代表李達及其夫人王會悟的建議下改往浙江繼續開會。這一段過程在電影「建黨偉業」的最後也有演繹出來，周迅則是飾演王會悟，毛澤東則是由《爸爸去哪兒》中可愛諾一的爸爸劉燁飾演。

中共一大會址

從這個小弄進去會看到大韓民國臨時政府

大韓民國臨時政府的歷史隱身在巷弄民宅間

從地鐵站出來可以看到前往新天地及大韓民國臨時政府的指標

　　如果是搭乘地鐵 10 號線則是可以先來到位在馬當路上的「大韓民國臨時政府」，這裡是韓國觀光客到上海必訪之處，南韓的歷任總統如朴槿惠、李明博、盧武鉉、金大中、金泳三等均到此參觀過。臨時政府辦公室位在不甚起眼的巷弄民宅間，但對於韓國歷史有興趣的人，在步行前往新天地時不妨順路參觀。而如果喜歡韓國電影《德惠翁主》與《暗殺》的人，應該也會對這個歷史景點會更有印象與深刻感受。

新天地中開設在石庫門建築中的星巴克是最多人愛去打卡的地方，以這裡為核心附近有許多餐廳，但是價格都不便宜。另外新天地時尚購物中心裡有 Vera Wang 的旗艦店、還有許多明星開的潮牌店，例如：阿信的 StayReal、林俊杰的 Smudge 和羅志祥的 Stage 等；此外在新天地也可以找得到臺灣的鼎泰豐。

來到這裡記得把自己打扮漂亮一點，因為這裡是上海的潮男靚女很喜歡聚集的一個地區喔！

石庫門建築的星巴克

熱鬧的新天地時尚

文青與復古的典雅兼具的新天地一景

不定期的會有不同主題的街景裝置藝術

申報文藝專欄

聽見「新天地」這個名詞，就會聯想到盤古開天闢地的創舉，打開一個新世界，是需要犧牲自己的血肉才能完成。我相信，在石庫門這裡氣氛很西方，搭配一種優雅閒適、低調時尚的奢侈感，但卻又可以一眼著迷於這些建築在充滿中國風的黑色磚牆屋之上，看似很衝突的兩者，似乎可以迸出迷人的火花。老舊的東西面臨被淘汰的命運是很普遍的事，但是拆掉舊房子的歷史，去蓋一棟棟高經濟價值的商業大樓，這樣以經濟掛帥，真的值得嗎？唐寅〈廢棄詩〉說：「**一失足成千古恨，再回頭已百年身。**」。然而陸游〈遊山西村〉說得好：「**山重水複疑無路，柳暗花明又一村。**」若能夠保有原貌再利用，創造另一種文化與經濟並存的價值，是不是更了不起？讓文創的新風貌，帶領新世界裡的人們，同時擁有古今相融的血脈精神，更能觸動人心。

Info

🚌 除了觀光巴士之外，可搭地鐵 10 號線至新天地站，或 1 號線至黃陂南路站下車，出站後約步行 5～10 分鐘可到達。

🕐 1. 大韓民國臨時政府參觀時間 9：00～17：00
　　2. 中共一大會址參觀時間 9：00～16：00

💲 1. 大韓民國臨時政府門票 20 人民幣
　　2. 中共一大會址門票：免費

遊戲
上海

延伸步行推薦

　　在地鐵 10 號線上的五角場廣場是熱鬧的商圈，舉凡上海人氣餐廳在這裡可以找到許多分店，往前走就是江灣體育場站，這裡附近有一條大學路，有一些時尚早午餐咖啡店，這裡也是許多學生及小資白領喜歡來吃東西、買咖啡的地方。

楊浦區的五角場地鐵站及江灣體育場站指標

這裡有許多購物中心及特色餐廳

江灣體育場地鐵站附近的大學路指標

大學路上的咖啡店與餐廳，很受年輕人歡迎

綠線：風情老上海

- 所經過的路線有：南京路（新世界城）→上海市博物館→淮海路→靜安寺→波特曼酒店→玉佛寺→上海美術館
- 全程約 1 小時，首班發車時間 09：15，末班發車時間 17：00，車次間隔 45 分鐘

1 上海博物館

申報歷史專欄

在中國的長江流域新石器文化當中，以河姆渡文化及良渚文化為代表。前者的代表是干欄式建築，適合潮濕溫暖的南方，人畜之間可以各安其所，再加上河姆渡文化也發現種植稻米的遺跡，還有許多陶器，完全具備了新石器時代定居、從狩獵到產食、分工精細、畜養家畜等各種特色。

至於良渚文化主要在長江下游的太湖地區，中心點在浙江省杭州的餘杭區，最大的特色就是出土大量的玉器；在那個時代玉器是象徵財富以及作為禮器之用。

上海博物館於 1952 年創立，最初的原址在南京西路上的跑馬總會，後來改至河南中路上的舊中匯大樓，目前的這棟象徵天圓地方的博物館則是在 1996 年落成，地點就在人民廣場靠近武勝路旁。雖然說是在人民廣場旁，但因為地鐵站非常的大，下了地鐵再走到這裡大概也需要 5 ～ 8 分鐘的時間。

目前博物館裡的展品超過十萬件，數量相當龐大，以十二個展區來展示各種收藏品；有人稱上海博物館是除了陝西歷史博物館、南京博物院及臺北故宮以外，最值得參觀的第四大博物館。上海博物館以青銅器、陶瓷、書法、繪畫的部分最知名。例如：書法家米芾、張旭以及宋高宗趙構的真跡；還有不少新石器時代良渚文化留下的玉器，可以說是中國藝術文化的一座寶庫。

Info

🚌 除了觀光巴士之外，可搭地鐵 1 號、2 號、8 號線至人民廣場站，步行即可到達。
🕐 9：00 ～ 17：00
💲 免費

博物館頗大，建議進去時可以攜帶簡單的乾糧跟水，館內每層樓有長椅可以休息補充一下食物，另外也可以花 20 人民幣租講解器（需付 300 人民幣押金，使用時間 3 小時）所以對古文物有興趣的朋友，大概需要花個大半天在裡面欣賞。

天圓地方的建築概念

申報文藝專欄

提到博物館，不免會關切的主題，便是鎮館之寶！故宮博物院的鎮館之寶，是大家耳熟能詳的「翠玉白菜」；而上海博物館的鎮館之寶，便是王獻之的真跡墨寶行草〈鴨頭丸帖〉。這份墨寶的內容很短，只有兩行十五字：「鴨頭丸，故不佳。明當必集，當與君相見。」有趣的是，「鴨頭丸」可不是鴨肉做的丸子，是一種藥丸名。所以這帖的意思便是：鴨頭丸這藥沒有效，改天聚會時，一定要再和你見面。「帖」是書信，是生死流離之間留下的一些小小記憶。 山東琅琊王家在永嘉之亂時逃到南方，那時候王羲之大概十歲左右，他的〈快雪時晴帖〉二十八個字，便是說：下了雪又放晴了，記憶了南方歲月某一個冬天大雪過後的放晴的片刻。〈奉橘帖〉說：冬天霜未降的橘子真的好吃，送你三百顆等等。雖然都是小事，但是就是這些片刻，往往才能留下這些有名書家的生命印記。

上海博物館大門

2 淮海路

　　中日戰爭結束後，國共之間歷經「重慶會談」與「政治協商會議」都沒有辦法達成在和平民主的框架下以「聯合政府」共同治理中國的模式。國共間因制憲問題決裂後，開始交戰。1947 年 7 月，因戰局日趨不利，國民政府宣布動員戡亂，另一方面共軍卻在 1947 年（民國 36 年）下半年發起全面攻勢，占領了大部分的東北。

　　國共內戰當中最重要的就是遼瀋會戰、徐蚌會戰（中共稱淮海戰役）及平津戰役。這三場戰役的國軍死傷人數近兩百萬人。前兩年由黃曉明、宋慧喬、金城武等大明星主演的電影《太平輪》，黃曉明便是將宋慧喬先送至臺灣之後，自己隨後進入徐蚌戰役的戰場當中。風雪交加的大寒天遲遲等不到下一段軍事命令，將士們都只能在原地挨餓受凍，黃曉明忍痛殺死愛駒，將肉分給眾弟兄們吃，度過難關的劇情相信令很多人難忘，而那場徐蚌會戰也是國共內戰當中戰況最慘烈的一場。

步行在淮海路垂直線上的寶慶路、常熟路一帶可以感受另一種較靜謐的街道

　　狹義的淮海路其實是指西藏南路至華山路這一段約五公里長的淮海中路。也就是在上個世紀初赫赫有名的霞飛路，還由法國將軍霞飛舉行揭牌儀式。至 1930 年代之後霞飛路陸續改名為泰山路、林森路，一直到中華人民共和國成立後，為紀念死傷慘重的淮海戰役，所以改名淮海路。

Info

🚌 除了觀光巴士之外，可搭地鐵 1 號至陝西南路站或 10 號線至新天地站下車，步行約 15 分鐘即可到達。

🕐 全日
$ 免費

淮海中路的高檔購物中心及名店林立

　　淮海路在上海是與南京路齊名的一條商業街，在過去也因為屬於租界管轄，不管是在建築物或是商家的商業氛圍，都保留當年上海灘法租界的那一股洋派的歐風底蘊，最著名的代表建築是諾曼底公寓。步行在這條路上，可以感受到當年法租界時種下的梧桐樹留下淡淡的法國氣息，一直到現在，這裡仍為老上海人心中最有味道與派頭的一條街。如果在上海想要感受觀光客熱鬧及商家雲集繁榮的話就去南京街，要感受屬於上海百年來獨特的摩登與時尚可以來淮海中路，這裡可以看到許多打扮入時的貴婦與白領階級。

穿名媛風到淮海中路應景是必須的

申報文藝專欄

　　電影《太平輪》，與《鐵達尼號》的戀情有異曲同工之妙。當時的中國，人人千方百計都想登上太平輪，離開上海到臺灣，這艘船彷彿成為人們最後的希望。沒想到，意外的沉船改變了所有人的命運，船上近千人絕大多數都在海難中遇難。相逢在開往臺灣最後一班的「太平輪」上，這三對戀人刻骨銘心的愛情故事，彼此間的微妙關係，命運的齒輪互相緊扣，大時代下無法表達的辛酸苦楚，對彼此的承諾，該怎樣才能天長地久……《詩經·邶風·擊鼓》：「死生契闊，與子成說。執子之手，與子偕老。」這是一首古老的愛情詩，該詩敘述了一位出征在外的男子對自己心上人的日夜思念：他想起他們花前月下「執子之手，與子偕老」的誓言，想如今生離死別、天涯孤苦，豈能不淚眼朦朧、肝腸寸斷？當你哭泣的時候，有人陪你傷心，傾聽你訴說，為你撫平凌亂的髮和憔悴的顏容，告訴你明天依舊陽光燦爛，這樣小小的心願，戰亂中也難如登天啊！

3 靜安寺

　　請參考本書〈教堂與寺廟篇〉158頁。

藍線：浦東新世界

- 所經過的路線有：外灘A→外灘→東方明珠→上海環球金融中心和金茂大廈→老碼頭→十六鋪浦江遊覽碼頭
- 全程1小時15分鐘，首班發車時間09：45，末班發車時間17：15，車次間隔30分鐘

1 上海環球金融中心

　　在過去上海人都說：「寧要浦西一張床，不要浦東一棟房」。但自從1990年提出開發浦東的計畫之後，隨著浦東國際機場的落成，事隔不到三十年，浦東的身價早已不可同日而語，目前的金融中心及高級建案更是集中在浦東陸家嘴金融貿易區這一帶，而這裡也是上海居住人口最多地區之一。

過了南浦大橋後就是浦東新世界

Info

- 🚌 除藍線觀光巴士外，搭乘地鐵2號線至陸家嘴站6號出口或東昌路站4號出口，出站步行即可到達。
- 🕐 08：00～23：00（22：00為最晚進場時間）
- 💲 94層＋97層＋100層觀景，成人票180人民幣

　　陸家嘴金融貿易區內有三棟令人矚目的特色建築，其一是目前中國第一高樓的上海中心大廈（但將會被正在興建中的武漢綠地中心及蘇州中南中心超越）；其二就是這座上海環球金融中心，樓高492米，以頂端外觀像開瓶器的外貌令人印象深刻；其三就是金茂大廈，雖然樓高只有421米，並且早已跌落前十名的「世界摩天大樓」排行榜單之外，但位在大廈裡的金茂君悅大酒店仍是數一數二高檔的五星級飯店，並且曾有世界最高酒店的稱謂。

陸家嘴金融貿易區

如果時間允許，建議可以購買觀光巴士含上海環球金融中心門票的套票。花一整天的時間遊車河，並且進入目前世界最高的觀光觀景樓層參觀，上海環球金融中心雖然不是世界最高的大樓，但允許觀光客進入的觀景樓層可是紮紮實實讓遊客搭電梯到100層，這張票買起來還是很值回票價的。

觀光廳售票處與相關資訊看板

第一百層的愛心紀念印記

100層的黃金拍照點宣傳看板

100層的透明地板踩上去很有感覺

明亮景觀一流的觀景台

　　進入 100 層的觀光樓層除了視野非常好以外，剛好可以拍下金茂大廈與著名的東方明珠塔的照片，黃金拍攝點被搭起了臨時隔間，留給願意付費拍攝的旅客。如果覺得已經花門票錢上來 100 層觀景了，再多花幾十塊人民幣拍張紀念照其實也是蠻值得的。目前 100 層觀景的時間並沒有限制，基本上遊客進去之後都可以看個過癮，拍到飽之後再慢慢排隊搭電梯下去，在平日的排隊人潮不會太多，遊覽起來蠻舒服的。

環球金融中心搭電梯前的影像

在這裡拍照後面的背景剛好就是
金茂大廈與東方明珠塔

2 無敵夜景：夜會黃浦江遊船

申報歷史專欄

黃浦江是上海的母親之河，也是長江入海之前的最後一條支流。提到上海就一定會跟黃浦江聯想在一起。這條江也有其他的別名，例如：黃歇浦、春申江。看到這幾個字不知道是否會想到著名的戰國四公子之一：楚國的春申君黃歇。

相傳上海過去曾是春申君的封地，但是如果細想就會發現是誤傳。在兩千多年前的戰國時代，現在的上海都還是汪洋一片。而春申君的封地從淮北轉至江東，不管是淮北或江東，大抵上是今天的安徽蕪湖到江蘇南京一帶，並不包含今天的上海市。不過看到黃歇這個名字，還是不免會令人想起戲劇《羋月傳》中深情款款的黃公子。上海與春申君算是一段美麗的錯誤吧！

不管到上海幾次，總還是沒法走透每一個區，對於這座大城市的印象還是很零碎的，整合最好的辦法就是透過搭船，在一個小時的船程中，剛好可以把過去自己在浦西外灘及浦東濱江大道散步的記憶，流暢的串聯在一起。其實在還未搭乘過這個觀光遊船行程前，我還不太能明白它能這麼受到各國觀光客歡迎的魅力何在，後來自己體會了一次之後，就覺得即使到過很多次外灘及浦東，遊船還是欣賞景點的好方法。

遊船可以看見完整的人民英雄紀念塔與遠眺外白渡橋

在船程中，遇到非常多歐美的觀光客，有些甚至來自遙遠的南美洲，甚至還有來自巴基斯坦的大叔們，因為太開心還現場在甲板上跳起舞來，大家一邊拍手一邊看風景真的相當熱鬧，這樣的景象在上海倒是很難看得到。

船程會先從浦西的外灘出發，前半小時可以很清楚的從每一個角度欣賞浦東高樓大廈的景致，後半小時方向轉了一個彎之後，從江上遠望浦西的外灘萬國建築群，雖然船艙裡有座位，但大部分的遊客都會選擇站在

這樣的夜景看到「魔都」二字又更增添上海的魔幻氛圍

甲板欣賞風光。建議還是晚上搭乘遊船的行程，畢竟外灘與浦東的美景都是燈光打上去之後，會越夜越美麗。

　　遊船的船票會依照船的型號與豪華程度不同略有差異，像是比較新的龍型遊船票價高一點。不過不管買哪一種船的船票，購票時若被詢問是否要在船上用餐，建議回答不要，直接買單純的遊船票即可。因為船上餐點的評價不高，而且遊船就是要把握機會到甲板看風景，用餐會耗掉許多欣賞的時間。此外，船上風大記得做好保暖的工作。

十六鋪碼頭的購票及乘船排隊處

Info

🚌 觀光巴士可搭乘藍線十六鋪碼頭下車，步行至渡輪碼頭購票上船。

💲 約 100 人民幣起跳（船公司不同及是否用餐有所差別），也可事先在臺灣旅遊平台 KKday 購買行程，至當地有專人接送及講解

遊船直接現場購票即可

◎參觀路線

常規路線：碼頭→楊浦大橋方向→環球金融中心→金茂大廈→香格里拉大酒店→上海國際會議中心→南浦大橋方向→東方明珠→上海國際客運中心→外白渡橋→上海人民英雄紀念碑→和平飯店→海關大樓→上海浦東發展銀行→外灘天文臺→返回碼頭

世博路線：碼頭→世博水域→環球金融中心→金茂大廈→香格里拉大酒店→上海國際會議中心→東方明珠→上海灣國際客運中心→外白渡橋→上海人民英雄紀念碑→和平飯店→海關大樓→上海浦東發展銀行→外灘天文臺→南浦大橋→盧浦大橋→返回碼頭

遊船的班次及營運的船公司很多

遊戲‧上海

　　《羋月傳》中，女主角的愛情歷程是該劇一大看點，羋月和黃歇青梅竹馬，幼時誦讀《詩經‧關雎》：「**窈窕淑女，君子好逑。**」二句，正是對二人感情最恰當的注解。而黃歇追求羋月的過程，像極了《詩經‧蒹葭》的意境：「**蒹葭蒼蒼，白露為霜。所謂伊人，在水一方。溯洄從之，道阻且長。溯游從之，宛在水中央。**」在清冷的初秋，逆水行舟，尋覓心中的佳人，路途險難，然而追求不懈，歷經波折，還是無法確定意中人的方向。從黃歇逃婚、墜下懸崖，到二人四方館相遇、城門外等候卻無果，羋月在燕國又再一次辜負黃歇的等候，毅然奔赴秦國，可見黃公子對愛情的執著，但心上人卻終究是可望而不可及。羋月後來沒有選擇跟黃歇走，她放棄自己的兒女私情，一路上都哭得很傷心，她要顧慮自己的孩子，她的選擇讓她從一位楚國受盡欺凌的小公主，成為一國之傳奇霸后，成就生命中另一種圓滿。

4 東方明珠塔

全名稱為「東方明珠廣播電視塔」，
也是浦東新區最亮眼的一棟建築，雖然樓
高已不能跟其他後來居上的摩天大樓們相
比，但卻是浦東高樓中，觀光客最多的地
方。來到東方明珠塔不可錯過的就是參觀
裡面的上海城市歷史發展陳列館，館內分
為七個展區，占地非常大，置身其中與其
互動式的現代方式了解上海，有一種穿越
的感覺；此外建議一定要去懸空玻璃觀景
台，可以無死角的欣賞上海風光。

再次提醒這裡觀光客非常多，建議早
點來可以避開一些人潮，才不會排隊等太
久失了興致喔！

Info

🚌 除藍線觀光巴士外，搭乘地鐵 2 號線至陸家嘴
站 1 號出口。

🕐 8：30 ～ 21：30

💲 35 ～ 220 人民幣不等（依照參觀球體上下層及
其他不同票價有所不同）

浦東代表地標建築（照片由賴冠汝提供）

人氣不墜的東方明珠塔（照片由賴冠汝提供）

搭 BIG BUS 遊上海

085

創意園區與
歐風小鎮

I 1933 老場坊

申報歷史專欄

　　「1933 老場坊」的正式名稱為「上海公共租借工部局宰牲場」，那麼什麼是公共租借工部局呢？清末自 1842 年的鴉片戰爭戰敗後，簽訂了《中英南京條約》，其中一條大家最耳熟能詳的內容是：開放五口通商，也就是說在 1842 年以前的清朝，中國只有廣州是可以合法與外國人做生意的。上海開埠以後，陸續劃定了英、美、法租界。之後太平天國之亂興起，清政府喪失對上海的控制權，1854 年英美法在租界合組獨立的市政機構「工部局」，形成「國中之國」。直到 1943 年才結束。這一年同時也是中美英等國簽訂《平等新約》的時間，廢除了中國百年來不平等條約。

　　現在的上海有許多文創園區，像是電視劇《何以笙簫墨》中的袁向何律師事務所是在今天的「M50 創意園區」、電視劇《歡樂頌》、《大好時光》、《杉杉來了》等劇中的菁英主角們都是在長寧區的凌空 SOHO 拍攝。至於入選上海優秀歷史建築的「1933 老場坊」也是知名的文創景點，吸引許多人的到訪。

　　想當初我事隔 10 多年再次燃起動力要重訪上海，到「上海 1933 老場坊」拍照的原因，占了近 50% 是受到電影《小時代》的吸引。不知道大家還記不記得第一集的《小時代》，片尾的那場大型服裝秀是多麼令人印象深刻。白紗及歐風的禮服交錯在灰白的水泥牆間，不對稱的美感與浪漫一直映在我的腦海裡。

婚紗店與水泥牆的厚實感形成一種時空穿越感

　　這座 1933 老場坊目前有飾品、咖啡店、花店、婚紗店等在這裡進駐，並且可以預約當作婚禮或宴會場地。厚實的水泥牆與迴旋不盡的樓梯，當初這裡可是遠東區第一大的屠宰場呢！

　　19 世紀末期時，上海的私人屠宰場很多，但是都沒有檢疫及重視衛生的觀念，所以常常發生牛疫，當時許多人向上海工部局請願，希望能建造現代化設備的屠宰場，後來先花了兩萬多白銀建造了臨時的屠宰場，但隨著人口日益增加，

1933 老場坊的附近不是太熱鬧，要花時間專程逛來

迴旋的樓梯是這裡最明顯的視覺印象　　緊閉的大門也許門後都充滿歷史的味道　　文青小店與空間藝術

屠宰動物的數量增加，最後這個每日可以上千頭以上的牛、羊、豬的現代屠宰場在 1933 年以三百多萬兩的金額建成，現代化的屠宰方式與蒸氣熬豬油的方法，是世界級的標準。

　　整座建築以古羅馬公共建築的風格為主體，有著羅馬建築實用及厚實的特色，向上一層又一層的迴旋樓梯，在水泥建築間營造自然的光影。許多人認為這裡過去是屠宰場，磁場應該不太好，可是我卻覺得這裡是舒適的想令人在這裡待一整天都不嫌膩的地方。喜歡拍照的人，這裡相當適合拍一大堆劇情照。

Info

🏠 虹口區沙涇路 10 號
🚌 地鐵 4 號、10 號線至海倫路站 2 號出口，步行約 15 分鐘可達。
🕐 全天
💲 免費

申報文藝專欄

　　到 1933 老場坊，迴旋樓梯是最重要的特色！像是《仙履奇緣》中，王子拾起灰姑娘掉落玻璃鞋的那一幕；像是勇敢的異國勇士，爬上層層樓梯，要喚醒沉睡百年的睡美人一樣。童話故事中的場景，迴旋樓梯，象徵美好夢境的直達車。而對於古人來說，爬上樓梯，登上高樓，常常是為了眺望遠方。有時是怨婦為了思念離久不歸的夢中人，有時是被貶謫的文人為了思念遙遠的君主與家鄉。

　　晏殊〈蝶戀花〉：「昨夜西風凋碧樹，獨上高樓，望盡天涯路。」原意是說，「我」登上高樓眺望所見更加蕭颯的秋景，西風吹落黃葉，片片黃葉如同思念，迢迢山水路茫茫，魚雁書信何時能到達？王國維重新詮釋這首詩的意境，他認為做學問成大事業者，要有執著的追求，登高望遠，更能清楚明瞭路徑與方向，確認目標與理想，了解事物的全面概貌，這樣自然容易接近成功。不管是情感抒發，或是積極奮發，都可以看出詩詞韻味無窮的演繹。

走在這裡有置身英國的感覺

正在拍婚紗照的新人

英倫風草地的概念

② 泰唔士小鎮與鍾書閣

申報歷史專欄

　　泰唔士河是英國最著名的河，全長三百多公里，是英格蘭最長的河，除了流經倫敦之外，還經過溫莎、牛津等知名的英國城鎮。如果搭船遊泰唔士河，還可以選擇到格林威治，這個子午線的起點，同時這裡也是都鐸王朝女王伊利莎白一世的出生地呢！到倫敦旅遊的人都不會錯過這條泰唔士河旁的美景，著名的倫敦塔、大笨鐘、國會大廈、倫敦塔橋、倫敦眼等都可以在這裡一次造訪。

　　泰唔士小鎮是個人造新鎮，位在上海松江區，雖然在上海，但是距離上海市中心搭地鐵有一個多小時的車程；松江區是上海重要的衛星城，有許多大學的校區以及新建設的市鎮、景點都往松江區這一帶發展。例如電視劇《微微一笑很傾城》、電影《夢想合夥人》等戲劇，都在華東政法大學的松江校區拍攝；而另一座復古背景也是許多戲劇必訪的「上海車墩影視城」也位在松江區。

　　松江區這座以英國泰唔士河為名的新市鎮，大部分的建案房價都很高，能夠買得起的人有限，所以日間這裡是拍婚紗照的熱門首選之地，高峰期每天都會有百對以上的新人來此拍攝。入夜以後很多房子並沒有住滿，有時候這些豪宅會當成日租套房，許多年輕人會來這裡租套房開派對。目前這座英國十九世紀維多利亞風格的歐式小鎮是免費開放給大家進去拍照參觀的，所以近年來成為上海熱門的拍照景點之一。

大部分來到泰晤士小鎮的遊客都會以教堂為中心點，這裡看到的河道與池塘全都是人造的，用意就是建造一座瀕臨泰晤士河的英式小鎮。除了哥德式的教堂外還有石板路、鵝卵石步道、維多利亞式的民宅，就連電話亭都是經典英國式的風格。除了這些仿英國的景色非常好按快門以外，千里迢迢的從上海市區來到這裡，絕對不能錯過上海最美的書店「鍾書閣」。

鍾書閣就位在小鎮的中心，距離教堂步行三分鐘就可以找到。整座書店有兩層樓，從正門進去就可以看見從地板到天花板全部都以書本作為基準的設計。裡面的書籍分類用光影反射來呈現，每一區都有舒服的座椅及半閉式的空間讓喜歡各種書籍的人可以沉浸在自己的小天地裡，不受其他人干擾。一樓的咖啡廳可以讓人在書香與咖啡香之中再多待上幾個小時都不覺得久，每一本書都在喚醒細胞中的求知慾，讓人很想帶著書就這樣一直相偎下去。

英國風的電話亭　　　　　　　　　教堂是小鎮中的人氣拍照點以及核心點

人造的湖景把泰晤士小鎮的建築倒影映襯出另一番風景

書店裡有大量的閱覽空間及座椅，歡迎每位愛書人

二樓有拍婚紗新人最愛的白色教堂區，這裡其實是閱覽室，提供許多座位讓人閱讀。鍾書閣彷彿就像是精心設計過的書籍殿堂，讓人摸索及穿越其中，步步驚喜的獲得自己的養分呀！

Info

⌂ 松江區三新北路 900 弄 669 號

🚉 地鐵 9 號線至松江新城站，出站後搭計程車前往，車資約 16 人民幣。

🕐 全天

💲 免費

從外觀中西合璧的設計就可以對書店裡的世界有無限的期待

用光影投射出店名及書籍分類區的巧思

從地板到天花板眼睛所能看到之處都是書的延伸

拍婚紗的新人最喜歡在鍾書閣裡取景的一角

　　鍾書閣，號稱上海最美書店，搭配充滿文藝風情的泰晤士小鎮，這些精心打造空前閱讀環境，超火紅景點真是書蟲們的最愛！讓人不經意聯想到《美女與野獸》的一幕，野獸為了打動貝兒的心，拉著閉著眼睛的貝兒，進入一間華麗的落地大書房，睜眼驚歎不已的貝兒，立即被溫柔的野獸心意所感動。對於喜歡閱讀的麻瓜們，坐擁書海便是夢想的仙境。朱熹〈觀書有感〉說得好：「**半畝方塘一鑑開，天光雲影共徘徊；問渠那得清如許，為有源頭活水來。**」這首詩是朱熹在讀書後，胸中領悟得到新意，與半畝方塘的活水不期而遇，於是譜下了這千古傳誦的詩篇。用澄澈的心靈，來欣賞隨處可見的風光，更點出生命的美好，來自永不枯竭的活水。可見我們透過閱讀，可以使心像一面澄澈清亮的鏡子，投射出許多古往今來的義理，並且產生源源不絕的新能量，真是詮釋閱讀最美的一首詩了。

上海散步路線

路線一：上海灘碼頭

申報歷史專欄

　　王亞樵是「斧頭幫」的幫主，也是民初著名的殺手。生於清末的安徽，早年吃過很多苦，令王亞樵痛恨壓榨百姓的豪強與官吏，從一個讀書人開始習武，變成投身響應孫中山的革命分子。隨著時局的動盪，他一路巔沛流離到上海。

　　來到上海討生活的王亞樵白天去碼頭做苦力，晚上露宿街頭，直到他結識了倡導無政府主義的著名學者景梅九，並加入了無政府主義研究小組。後來，王亞樵把在上海打工的安徽勞工組織起來，加以訓練規整，成立了一支專門以斧頭當武器、殺富濟貧的幫派，稱為「斧頭幫」。

　　這個在《功夫》電影裡活靈活現的角色，在歷史上是令眾人聞名喪膽的愛國抗日分子呢！

　　許文強與丁力的《上海灘》，為 1930 年代的上海浮華與碼頭浮生做了令人印象深刻的詮釋。黃曉明與陳喬恩的《錦繡緣：華麗冒險》把上海黑幫從碼頭風雲到抗日情仇演繹生動。周星馳《功夫》電影裡的「斧頭幫」更是無人不知無人不曉的名詞。這些故事的背景與人物設定，全都與上海碼頭有著密不可及的關係，因此來到上海，如果有機會一定要給自己半天的時間走一趟碼頭散步路線。

1 喬家路（徐光啟故居、藥局弄與藥王廟）

喬家路鄰近地鐵 9 號線的小南門站，附近相當熱鬧，這裡是一條保存著上個世紀初韻味的街道，路不長，但是對於喜歡回味百年前上海風華的老建築與庶民生活的人，到喬家路走一遭，吃一籠只要 6 人民幣就有好多顆飽滿多汁的湯包，會覺得這裡與外面繁華世界的上海，是兩個世界。

喬家路上隱藏著許多漸被人淡忘的歷史痕跡，石庫門建築與明清兩朝時大臣與畫家的故居，可以遙想三百多年的風華樣貌。明代抗金名將喬一琦曾居住此地，喬家路一名也是由他而來。清末明初的著名海上畫派畫家王一亭曾住在喬家路上的梓園，過去他在園邸中接待來華訪問的愛因斯坦夫婦。在短短的喬家路上還有個小彎弄，路口寫著藥局弄，據說與唐代藥王孫思邈及明代李時珍有關，但原來的藥王廟已拆，只能從弄名來猜測過去這裡曾經有的樣貌。

最大名鼎鼎的是徐光啟故居也在此處。他是上海第一位受洗的天主教徒，並官至禮部尚書兼文淵閣大學士，同時也是受人敬重的科學家，曾經與明末來中國傳教的耶穌會傳教士利瑪竇合譯《幾何原本》，另外著有《農政全書》與改革曆法所編纂的《時憲曆》。不過這樣一位明代名臣，如今他的故居被纏繞的電線與民居給淹沒，如果沒有門口的石碑寫著「徐光啟故居」，無法有任何人能想像這裡曾經居住過這麼重要的要的歷史名人。

喬家路的石庫門建築還保存日常民居的模樣

喬家路上的名臣徐光啟老家

② 王家碼頭路

　　從喬家路過馬路經過小南門地鐵站往前步行，便是王家碼頭路，是上海少數幾條可以感受老上海庶民生活的路，但是隨著前方不遠處的全新老碼頭文創園區的開放，以及地產商如火如荼的開發與興建大樓，這條王家碼頭路還能保存多久，連住在當地的居民都不樂觀。起初我並沒有特別注意到這條街，但隨著一步步地前進，發現兩旁的民居簡直就是電影電視裡場景的真實翻版，簡直如獲至寶，看見一個石墩、一扇門、一輛老舊隨意停放門口的腳踏車，都覺得眼前的懷舊景象要用照片一張張保存下來，未來隨著拆遷，也只能從照片裡去回憶了。

　　晚餐時刻的王家碼頭路上，坐著老舊涼椅的街坊們隨意話家常，小孩們則自在的在路上玩遊戲，舊的雜貨店與裁縫機仍作響的小成衣工廠，是這條街上的另一種風景，當下的我感覺就像身處電影《功夫》裡的豬籠城寨中，只是他是真實有溫度的老上海。在我看來，這條碼頭散步路線是某部分上海記憶中的最後淨土。

晚上的王家碼頭路在路燈照映下的老建築，頗有電影「功夫」裡的城寨模樣

還保存上個世紀初期老上海民居的王家碼頭路，日常景色相當懷舊。

3 老碼頭創意園區

從王家碼頭路一路步行至中山南路約需 15 ～ 20 分鐘的路程，就會來到老碼頭創意園區。這裡是近年來新興的文創園區，把過去上海灘的十六鋪碼頭改建成現在的新舊交融的模樣。這裡曾經是上海灘老大杜月笙及黃金榮的碼頭倉庫，現在則是充滿著高檔的餐廳，用餐費用大概都要近 200 人民幣起跳，從上海本幫菜到異國料理、酒吧等應有盡有。

園區內將舊有的石庫門建築分成好幾區，每一區都有不同的餐廳及文創商店，還有一些藝廊與裝置藝術，臨黃浦江邊可以直接近距離的欣賞南外灘及浦東的美景，是另一個欣賞上海經典外灘景色的好去處。

傍晚時分一路從喬家路散步到老碼頭創意園區，等於是看盡了上海百年風華，2 ～ 3 個小時的步行路線，是能真實感受上海文化底蘊，又不同於其他旅遊路線的好選擇。

老碼頭的戶外表演點，燈光顏色不斷變換

　　一提到周星馳，許多人眼角就會笑起來；一提到電影《功夫》，代表著星爺轉型的黑色幽默電影。這部電影，無疑是複製周星馳童年回憶的寫實片段與場景，看得出來他對於過去生活在破爛髒亂的豬籠城寨，有很深厚的情感，人人生活在一起，有別於現實生活中的冷漠與無感，星爺在劇中安排功夫高手隱藏在這個環境中，看得出他企圖打破階級，所謂的蓋世武功高手，可能是穿著膠鞋的老頭、或是做苦力的、或是裁縫師、或是手拿揉麵團的人。這些小人物，一再一再顛覆著我們對於傳統武林高手的形象，任何人都有可能是武林高手。其中有些對白，令人印象深刻：「**記憶是痛苦的根源，你能忘記，是福氣！**」，或是引用李煜的詞：「**問君能有幾多愁，恰似一江春水向東流。**」可以看出周星馳想走出自己不一樣的喜劇風格，增添更多喜劇的想像空間，值得讚賞！

從老碼頭看黃浦江與浦東夜景，不輸外灘

遊戲 上海

路線二：文青小資路線

1 田子坊

申報歷史專欄

田子坊的興盛源起於中國知名畫家陳逸飛在此成立工作室，他的油畫作品在海外售出數百幅，除了豐厚的收入之外，他也轉型成立集團，開始當導演拍電影，他的畫作之一《家鄉的回憶－雙橋》帶動了江南水鄉周庄等地的觀光風潮。電影作品較為知名的有：梁家輝主演的《人約黃昏後》及由陳坤主演的《理髮師》。

搭乘地鐵 9 號線至打浦橋站，1 號出口步行約五分鐘即可抵達田子坊。這裡走文青與小資路線的當地人及遊客喜歡來到這裡，穿越復古石庫門建築，在狹小的里弄之間找尋令人眼睛一亮的文創小店。也許拐個彎就是間個人特色強烈的酒吧、也許下一步就可以看到創意手作，在狹小的巷弄間有種尋寶的樂趣。

田子坊有三個主要入口，以 210 弄、248 弄、274 弄為三條主要步行路線，如果想找文藝小店或是欣賞藝術創作者的作品可以下午來逛逛，喜歡品嘗多元料理及與三五朋友小酌，可以入夜之後前往。這裡因為知名度高，所以有些店家消費頗高，但也有接地氣的平價消費，所以適合不同旅遊風格的人前來探索。

泰康街的田子坊入口

　　「田子方」，根據史書記載是中國古時最老的畫家，取其諧音「田子坊」用來比喻此處為藝術家的聚集地。在古代，詩人常常聚集在庭園：如**王羲之《蘭亭集序》**提到，曲水流觴，共吟春光，感傷生命無常；如**蒲松齡《聊齋誌異》**就是小說家在小館子、路邊茶棚下，茶餘飯後說些小故事換取斤兩。**「同類相從，物以類聚」**是必要守則，《孔子家語》也說：**「與善人居，如入芝蘭之室，久而不聞其香。與不善人居，如入鮑魚之肆，久而不聞其臭。」**所以一時風行，為了追逐神奇寶貝的手機遊戲「寶可夢」，為了追逐快龍而一窩蜂，就少了一點文藝氣息。「田子坊」藝術街，目前雖然已經融入了點商業氣息，但依舊不失其藝術的調性，各種藝術設計領域的工作室隱身其中，自給自足的經營模式，將藝術更貼近了生活，商業反而開始有了不一樣的溫度。

田子坊內的小店林立

田子坊裡的酒吧也是許多小資及遊客喜歡小酌的地點

上海散步路線

2 白崇禧故居：小白宮

中國的回民人口超過一千萬人，分布也非常廣泛。過去回民人口的來源，以絲綢之路自中亞至中國貿易的粟特人為大宗，粟特人原來的居住地在今天的烏茲別克及吉爾吉斯這一帶。唐代時，大量的粟特人來到中國經商，有許多人在貿易過程中將歐洲或中亞的工藝技術帶進中國，讓唐代的金銀器融入更多的異國元素及技巧。安史之亂的主角安祿山就是粟特人，這場亂事讓唐朝中衰，也讓在唐朝的部分粟特人害怕被貼上標籤，積極的通婚漢化。許多隱於市的粟特人是優秀的工匠，製造了許多令人驚豔的金銀器，這種胡漢融合風格的金銀器，在上個世紀於陝西省的法門寺地宮及何家村大量出土，讓世人看見了唐代的繁榮與國際文化交流的最佳例證。

站在外面的花園欣賞白崇禧將軍故居也非常氣派

白色迴旋樓梯與圓拱的屋頂，落地的窗戶展現歐式典雅的風格

白崇禧是民國初年的桂系軍閥，也是戰後第一任國防部長，早年打過許多重要的戰爭，北伐、抗戰、國共內戰等，都沒缺席。這麼說可能還是很多人對他不熟悉，那麼如果提到他是白先勇的父親，大概許多人就會恍然大悟的點點頭了。那麼再跟你說白崇禧是出生廣西省的穆斯林，會不會覺得很特別呢？

白崇禧將軍在廣西桂林有一座「桂廬」，在上海除了這座位在汾陽路 150 號的「小白宮」故居之外，多倫路名人街也有一棟白公館。汾陽路原名畢勛路，得名於當時的法國公使，後來由汪精衛改名成汾陽路。這座充滿法國古典主義風格的小白宮故居，白色的外牆及明亮的落地窗是整棟建築的主軸，大型的迴旋樓梯及綠地，優然有小小歐洲貴族莊園的氣派與優雅。

這裡有小白宮的美稱

汾陽路本身就是極有美感的一條路

距離汾陽路不遠的復興中路上的克萊門公寓也是法式建築，相當有看頭

過去在 1960 年代這裡曾經是上海中國畫院的成立地點，後來被臺灣的寶萊納集團租下，開設高級餐廳「仙炙軒」生意非常好，許多婚紗攝影及婚宴場所也都會選在這裡。不過在 2016 年因為租約到期已經停止營業了，來到這裡即使無法進入內室，光是在外面拍照已經非常滿足。

白先勇為父親編著了《白崇禧將軍身影集──父親與民國》，在書中將父親定位成一位悲劇的英雄。他說：「父親的辭世，不僅是他個人的亡故，而是一個時代的結束。跟著父親一起消逝的，是他身上承載著的、沉重而又沉痛的歷史記憶……」讓人想起許多走過歷史的悲劇英雄們：屈原的抑鬱不得志，司馬遷的忍辱負重，項羽的仰天悲憤，諸葛孔明的憾恨吐血，岳飛的十二道金牌，文天祥說得好：「人生自古誰無死，留取丹心照汗青。」所謂時勢造英雄，不管是英烈千秋或是英雄氣短，一位未來的文學家親眼目睹了英雄的黃昏，「悲劇英雄」，這是史詩的主題。也許就是因為這樣的家庭背景，白先勇比任何作家都更能體會到，什麼是憾恨？那是人必須窮盡一生，掙扎著與不可能重來一遍的回憶共處。

上海散步路線

遊戲上海

3 普希金紀念碑

申報歷史專欄

在全世界有 190 多座普希金的銅像，這位俄國詩人全名亞歷山大·謝爾蓋耶維奇·普希金（Aleksandr Sergeyevich Pushkin），是 19 世紀俄國浪漫主義的文學代表，也是俄國現實主義的創始人，被譽為「俄國文學之父」。

普希金紀念碑位在幾條人氣頗高的散步路線交會口

在汾陽路、岳陽路、東平路及桃江路的街心三角地帶，這幾條路原來就是有著濃濃法國殖民風情的絕佳散步路線，所以大部分的人散步時會經過一座小小的廣場，中間豎立了一座普希金銅像，兩旁的行道樹在四季會有不同的顏色，呈現詩意與蕭瑟。這座銅像是由俄國的男低音演唱家費多爾·伊萬諾維奇·夏裏亞賓（Fyodor Ivanovich Chaliyapin）於 1937 年到中國表演時，為了紀念詩人普希金逝世一百週年籌資所建。這座銅像在中日抗戰及文革期間被毀了兩次，後來在 1987 年重建。

普希金是近代俄國文學及俄語創作的重要代表人物，他最為人朗朗上口的一首詩是〈假如生活欺騙了你〉

假如生活欺騙了你，不要悲傷，不要心急！
憂鬱的日子裏需要鎮靜。
相信吧，快樂的日子將會來臨。
心兒永遠嚮往著未來，現在卻常是憂鬱；
一切都是瞬息，一切都將會過去，
而那過去了的，就會成為親切的回憶。

④ 桃江路：戀愛一條街

桃江路 45 號曾經是宋慶齡女士自重慶返回上海的居所，蔣介石與宋美齡也曾經到這裡作客過，後來這棟法國小洋房被妹妹宋美齡認為不夠大，希望姊姊搬到大一點的房子，所以兩年後宋慶齡就搬回香山路的孫中山故居，之後國民政府另撥森中路 1803 號（今淮海中路 1843 號）寓所給宋慶齡。

宋慶齡在抗日期間積極投入慈善及社會福利工作，她發表過《保衛中國同盟聲明》在香港成立「保衛中國同盟」。向海內外募款，支持對日抗戰及幫助需要的百姓。中日戰爭結束後，她搬回上海，該會轉型為「中國福利會」，專注於婦幼及兒童的福利救助。

桃江路原名恩利和路，後來在汪偽政府期間，將過去租界以外國人為名的道路改名，均以中國各省縣市的地名來替換。恩利和路本來叫靖江路，但與另一條京將路音似，再改成桃江路，桃江則是屬於湖南省的縣城名字。

桃江路前後只有 500 公尺左右，但是法租界時期留下的建築與梧桐行道樹，再加上歷史痕跡的牆面與復古路燈，秋天在這裡散步是很浪漫的一件事。所以也有人稱呼這裡叫戀愛一條街；也因為它的迷人情懷，所以電影《色戒》也在這裡取景拍攝過。

冬日街景

在電影《宋家皇朝》中飾演宋慶齡的是張曼玉，電影中有個畫面是：夜深時分，宋慶齡跳窗出逃，她大步奔向家以外的那個漆黑世界。銀幕是出現了兩對女人的腳：在前大步奔馳的是宋慶齡穿著白色高跟鞋堅絕的腳；後面是要盡力追趕的穿著黑色繡花鞋的奶媽裹過的小腳。一白一黑，一大一小，一快一慢，對比著時代的交替轉換。宋慶齡說：「**我要用自己的腳走出自己的世界。**」宋慶齡從孫中山身上看到很多寶貴的東西，對祖國和人民熾熱的愛，對改變祖國命運宏大的抱負，為了崇高的理想不怕艱難困苦、不屈不撓奮鬥的意志，與朋友交往中熱情有禮、謙遜謹慎的作風，以及崇高的思想、冷靜的頭腦和智慧的風采。即使只有短短十年聚首，就像秦觀《鵲橋仙》：「**金風玉露一相逢，便勝卻人間無數。**」柔情似水，佳期如夢，兩人的傳奇故事留待後人細懷了。

路線三：虹口區與名人故居

1 甜愛路

　　甜愛路，路如其名，與四川北路接壤，現在於甜愛路上的行道樹下漫步，欣賞兩旁牆面的塗鴉創作及愛情詩的牆面，是這條路上不同於其他街道的地方。相傳是因為過去這裡曾經住過一大戶人家，女兒田愛與青梅竹馬的祥德鑄成一段佳話，於是就說情人能在這條甜愛路上就會一直甜蜜蜜。

　　在甜愛路轉角口的魯迅公園郵政支局，還被認證為愛情郵局，連裡面內部的裝潢都換上許多愛心，而甜愛路不遠的溧陽路1338號四川北路街道的門衛室據說可以蓋到甜愛紀念戳章，如果喜歡收集戳章的朋友不妨去一試。

愛情郵局

在這裡寄明信片格外有意思喔

愛情郵局裡的布置

　　在臺北萬里月老廟，也有一間「**愛神郵局**」。廟內設施也與時俱進，和中華郵政公司配合創設「**愛神郵便局**」，利用獨特客製化郵票，並設計「**愛情限時批**」等結緣品，利用愛神金爐將愛意「上達天聽」，連聖筊都做成愛心形狀，希望來求愛的民眾都能有情人終成眷屬。　這句話的出處是《西廂記》第五本第四折：「**永無老別離，萬古常相聚，願天下有情的都成了眷屬。**」書生張君瑞和貴族小姐崔鶯鶯的戀愛，遭到崔母的極力反對，但熱心的婢女「紅娘」穿針引線，經過一番風雨波折，終於喜慶團圓。作者王實甫，透過劇中的男女主角的境遇，表達對美好愛情的真誠呼喚，於是就被沿用成為常用語了，「紅娘」也成了愛神邱比特的中國代言人了。

甜愛路上的中外情詩

甜愛路上的街頭塗鴉牆面

遊戲上海

② 魯迅故居

民國四大才女之一的蕭紅，她與蕭軍從東北至青島一路到上海，在寫作與生活都遇到困境的時候，在上海結識了魯迅。當時已經是大名鼎鼎的魯迅，相當樂於提拔新進，他們第一次見面的地點就在內山書店附近的咖啡館，之後不僅幾次設家宴招待「二蕭」，還介紹他們結識了茅盾等人。

蕭紅的第一本成名作《生死場》一度出版無望，也是經由魯迅的安排並幫忙寫序，從此打響了蕭紅在上海文壇的地位。魯迅之於蕭紅有不可抹滅的影響與幫助。電影《黃金時代》由湯唯飾演蕭紅，將這段過程演繹的相當細膩動人。

從甜愛路一路步行幾分鐘便可以來到山陰路 132 弄，這裡目前也都是尋常的民居，但走到「大陸新邨」前，便可以從指標得知 9 號是魯迅的故居，6 號則是茅盾故居。不遠處的 2 弄 3 號則是內山完造的故居。目前在這裡有「魯迅故居」的標示牌，在靜謐的日常弄里民居中，站在一代大文學家的門口感受屬於「五四」年代的豪情壯志。

魯迅故居的幽靜巷弄

魯迅故居的指標很明顯

大陸新邨裡曾住過不少名人

魯迅故居門口

　　魯迅故居是可以開放參觀，門票 8 人民幣，但每二十分鐘開放十個人進去，可以在裡面看到魯迅居住在這裡的原樣擺設；而牆上的時鐘也停在魯迅去世的那一刻 05：25 分。

申報文藝專欄

　　周作人在《自己的園地》序言結尾曾這樣寫道：「我因寂寞，在文學上尋求慰安，夾雜讀書，胡亂作文，不值學人之一笑，但在自己總得了相當的效果了。或者國內有和我心情相同的人，便將這本雜集呈獻與他；倘若沒有，也就罷了。……反正寂寞之上沒有更上的寂寞了。」讀蕭紅的《呼蘭河傳》，也是這樣的感受，覺得那個旅居香港的蕭紅就是這樣的寂寞。魯迅與蕭紅，知己惺惺相惜，蕭紅回憶魯迅的一篇文章中：「魯迅先生的笑聲是明朗的，是從心裡的歡喜。若有人說了什麼可笑的話，魯迅先生笑的連煙卷都拿不住了，常常是笑的咳嗽起來。」在蕭紅推開內山書店的大門，見到魯迅的那一天，魯迅爽朗的話語，溫暖安慰了蕭紅飄泊的心，即使兩人年紀相距三十年，文學的傳承仍然萌芽在一瞬間。

山陰路路上的夏日景色

3 魯迅公園

申報歷史專欄

日本在 1932 年的侵華「一二八事件」結束後，決定要在 4 月 29 日昭和天皇誕辰那天在上海舉辦「淞滬戰爭祝捷大會」，地點就選在當時的虹口公園。這個消息傳出，國民政府及流亡在上海的大韓民國臨時政府都感到憤慨，於是策劃一次的暗殺。當時在上海灘著名的暗殺好手王亞樵也加入了這次的策畫行動並提供經費，不過因為日本人維安考量禁止中國人進入會場，所以實際執行暗殺任務的是韓國人尹奉吉。這位韓國青年通曉日語，在接受特訓之後，於祝捷大會當天成功暗殺日軍上海占領軍總司令白川義則，日本駐華公使重光葵被炸斷一條腿。尹奉吉後來被判槍決，現在魯迅公園裡有一處「梅亭」就是紀念尹奉吉。

魯迅公園不需要門票，可以選擇從魯迅故居步行前往，也可以搭地鐵 8 號線至虹口足球場下車，步行約 10 分鐘即可到達。公園裡的面積頗大，樹蔭扶疏，湖景清幽，還有碼頭可以搭乘環湖小船；平日前往可以感受上海日常的平民生活休閒感；其中最特別的是阿姨叔叔們，會把自己家小孩或是正值適婚年齡的親友資料寫在紙上，就用陽傘撐著當作看板放在地上，往來的大叔大嬸們如果看到適合的就會過去攀談，藉此促成一段姻緣，算是在上海另類的婚友社吧！

魯迅公園的地鐵站標誌

這座公園原名虹口公園，更早的時候還曾經是虹口遊戲體育場與打靶場。過去魯迅住在虹口區大陸新邨時，最喜歡的就是到這虹口公園散步；魯迅去世後他的靈柩被遷移至此地擺放，所以公園內的重頭看點就是魯迅墓。

公交站的站牌

公园开放时间
夏令时间
4月1日-6月30日
　　05:00-18:00;
7月1日-9月30日
　　05:00-19:00;

冬令时间
10月1日-3月31日
　　06:00-18:00。

魯迅公園開放時間

魯迅公園門口

另類的婚友社在公園內，是上海生活的日常

　　魯迅公園的交通非常方便，四周店家不少，也有很多連鎖的餐廳，加上附近離外國語大學等學校不遠，所以平價消費。整個虹口區中，我最喜歡的就是魯迅公園到多倫路名人文化街的這一段散步路線了。

申報文藝專欄

　　魯迅公園裡，魯迅就長眠於此，這裡的魯迅墓，是國家級的保護地。墓園旁邊的柏樹，是周恩來、許廣平親自種植的，讓人想起，蘇軾在妻子過世十年後所寫的詞《江城子》：「**夜來幽夢忽還鄉，小軒窗，正梳妝。相顧無言，惟有淚千行。料得年年腸斷處，明月夜，短松岡。**」斷腸處就是蘇軾妻子之墓，蘇軾在埋葬的地方種植松樹，此情此心，千古傷心人皆相同啊！墓碑上的字「魯迅先生之墓」，是魯迅的兒子周海嬰所書，當時他才六歲，還是母親許廣平打好底稿後，由周海嬰反覆練習後才寫成的。「**橫眉冷對千夫指，俯首甘為孺子牛。**」，是魯迅《自嘲》詩裡的名句。魯迅甘心為千萬中國人民奮鬥努力，即使面對千萬敵人汙衊批評，他仍然勇敢堅持自己的理想，受人尊敬的革命家，肉體雖消滅無蹤，但精神永留人心。

魯迅先生之墓

有殖民風格的復古飲水機

夏日公園內的荷花池

公園旁就是虹口足球場

紀念尹奉吉的梅園

遊戲
上海

4 多倫路名人文化街

「中國左翼作家聯盟」於 1930 年在今天的多倫路上成立。在那個年代，中國共產黨的發展尚未成熟壯大，並且歷經 1927 年國民黨的「四一二事件」（清黨），使得共產黨想藉由文學的發展來宣揚更多共產黨的理念作為助力。當時左翼的作家最出名的是：魯迅、茅盾、郭沫若、郁達夫等人。而這個左翼作家聯盟，與當時代表資產階級的「新月社」（以徐志摩、胡適、梁實秋為代表），剛好是兩種路線，雙方不時有文學上的筆戰。

多倫路名人文化街的石砌牌樓

多倫路名人文化街歷史簡介

多倫路名人文化街是喜歡名人故居路線的人不可錯過的景點，這條五百多公尺長的石板路街道，舊名為寶安樂路，他是一位曾經被光緒皇帝賜「進士」的英國傳教士而得名。過去這裡曾經住過魯迅、茅盾、郭沫若、及日本的內山完造等，可以說是近代文學的重要據點。

從地鐵 3 號線的東寶興路站下車，就可以看見對面寫著「海上舊里」的石牌坊，這裡過去也住過孔祥熙、白崇禧將軍等上海灘叱咤風雲的人物，讓文學情懷中又增添些許民國權貴的範兒。

我是搭 21 路公交到山陰路四川路口下車，一路從四川北路上魯迅曾經居住過的拉摩斯公寓、然後步行至多崙路 250 號的孔祥熙故居，這棟故居是融合伊斯蘭風格

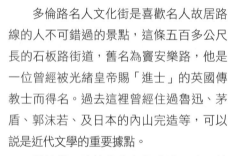
舊地名寶安樂路也被裝置在這裡

左翼作家們的紀念牆面

魯迅曾住過拉摩斯公寓

左翼作家協會成立會址在 208 號

上海市文物保护单位
Monument under the Protection of Shanghai Municipality

多伦路250号住宅
Former Residence of H.H.Kong

上海市人民政府
一九八九年九月二十五日公布
上海市文物管理委员会立

孔祥熙故居

內山書店現在收購及販賣二手書居多

孔祥熙故居

的西班牙白色建築，十分氣派漂亮。208 號則是中國左翼作家成立大會的會址。這段路上還會看到一些咖啡館及規模不大的藝術館、文化展覽館、畫廊及藝品店，是保存上海上個世紀文藝成就很用心的一條街道。

接下來多倫路 169 號就是被評為到上海不可不去的特色書店之一「內山書店」，這家書店過去的

舊時內山書店的原址現在已經是中國工商銀行

老電影咖啡館是頗有味道的一家店

主人是日本人內山完造，他是魯迅的好友。過去這間書店是代售魯迅作品的集中地，並且也作為兩人面談及掩護的地點，不過書店的舊址是在四川北路上，現為中國工商銀行，而多倫路上的內山書店現在多是收購及販售二手書。多倫路上還有本書其他篇章〈教堂與寺廟〉介紹過的鴻德基督堂；此外有家老電影咖啡館每日會播放無聲電影至 1930 ～ 40 年的老片，是間老字號評價頗高的咖啡館。

多倫路文化名人街在平日逛起來人不多，是可以好好感受文藝氛圍的一條步行路線，因為風格獨具韻味，難怪由宋承憲及劉亦菲主演的電影《第三種愛情》也在這裡拍攝取景呢！

申報文藝專欄

　　在東京神保町也有一間「內山書店」，喜觀逛書店的人都不會忘記到這裡聞聞書香的味道。這間書店是內山完造的弟弟內山嘉吉，依照在上海的「內山書店」所開設的分店，在這裡也可以看見魯迅的所有作品。從《魯迅日記》中一九二七年十月的記載：「**五日雨。上午寄靜農、霽野信，往內山書店買書四種四本，十元二角。**」自從魯迅踏進內山書店之後，便經常光顧，並且購買大量書籍，和內山完造結識並成為知己，曾子說：「**君子以文會友，以友輔仁。**」正可以說明這一場中日相交的友情，內山曾寫過介紹中國的書，魯迅為之作序時，便語重心長地說：「**著者的用心，還是在將中國的一部分的真相，介紹給日本的讀者的。據我看來，日本和中國的人們之間，是一定會有互相了解的時候的……**」現在看來，中日透過賑災相互援助，我們也正在繼續努力著。

5 猶太難民紀念館

申報歷史專欄

上海猶太難民紀念館位在提籃橋歷史文化風貌區,過去在老上海人有個說法,到「送儂到提籃橋去」就代表要去蹲監獄了。因為在清光緒年間這裡曾經是遠東第一大監獄的所在地。

長陽路 62 號的猶太難民紀念館

上海猶太難民紀念館位在提籃橋地鐵站外不遠處的長陽路 62 號,1937～1941 年間,有許多從德國、奧地利及東歐等國逃出的猶太難民,輾轉至日本神戶,但因日本拒絕接收難民,有部分猶太人便來到了上海,根據統計當時接收了約三萬名的猶太人。

日本人占領上海後將虹口區的提籃橋一帶劃為收容「無國籍」的猶太人的集中地,現在這座猶太難民紀念館便珍貴的記錄了那一段戰間期的猶太人流亡坎坷的過程。目前紀念館內有上海唯二的其中一座摩西會堂,會堂建於 1907 年,是俄籍猶太人所建,紅磚尖頂配上窗框上的藍色條紋十分醒目。紀念館入口處還有一座象徵上海與猶太人友好的浮雕,浮雕意義代表著信仰、苦難與愛、堅定與未來、光明與希望。

在暮色下的紀念館有種「無國界」的時空感

Info

🕐 09:00～17:00（入場截止時間是 16:30）
💲 成人票 50 人民幣

申報文藝專欄

大家學到《左忠毅公軼事》的時候,印象最深的應該是史可法私下去獄中,探望恩師左光斗的那段課文吧!史可法因為擔心左公斗命在旦夕,便賄賂獄卒,喬裝進入探監,一眼看見恩師被折磨不見人形:「面額焦爛不可辨,左膝以下,筋骨盡脫矣。」正想抱著恩師哭泣時,竟被老師狠狠罵了一頓:「老夫已矣,汝復輕身而昧大義,天下事誰可支拄者!不速去,無俟姦人構陷,吾今即撲殺汝!」還摸地上刑具,要丟擲史可法。嚴師出高徒,左公斗想要愛護學生的用意,史可法完全可以體會:師生之間的情誼不用他人解釋,當年出巡進入古寺相遇,閱讀文章即覆貂衣愛才舉動,及試時當面簽署第一名,這些種種細膩的情感,早就深深烙印在史可法心中了。

路線四：盧灣區與名人故居

1 孫中山故居

申報歷史專欄

　　孫中山先生的別名很多，我們都知道他叫孫文，號逸仙，所以他的朋友會以逸仙來稱呼他。外國人用的英文譯名也都是用 Dr. Sun Yat-sen 來稱呼，他本人在簽署重要文件或信件時，也都是使用「孫文」或「孫逸仙」，反倒不是使用大家慣稱的「孫中山」。「中山」是他在日本使用的名字「中山樵」。

　　除了這些別名以外，他還有個綽號叫「孫大砲」，這個意思原指吹牛皮。孫先生的口才想必是非常好的，但是溝通與斡旋當中，真假穿插也是不可避免的策略。其實他在整個結束帝制進入民國的革命事業中，既不是拿槍站在第一線的軍人，也不是出資支持革命事業的大實業家，他最大的努力其實都是在各地奔波，用他的口才及文字啟蒙中國各地的民智，試圖將各股革命勢力集結在一起；在海外，則是用他的口才及各地的演講吸引了華僑的目光，從東南亞到歐美，各地的僑商及會社慷慨解囊支持革命；精神領袖與募款是孫中山在革命事業中最重要的一環。

　　國父孫中山大概是臺灣人最熟悉的歷史人物之一了。大家都知道他出生廣東，年輕時當留學生到檀香山念書，受到清末各戰敗的戰爭啟發，於清光緒 20 年籌組興中會開始革命事業。清宣統 3 年（西元 1911 年），終於在第 11 次武昌起義成功。當電報傳來捷報的消息時，他仍在海外為革命捐款及請西方列強不要再借款給清朝。在等待

正門入口參觀

孫中山先生搭船回到中國期間，袁世凱一方面與清朝拿資源清剿革命黨，順便升官；二方面與革命黨談判，如果他能令清帝退位，則大總統的位置便要交到他的手上。

Info
🕐 09：00～17：00
💲 成人票 20 人民幣

遊戲·上海

故居內部陳設一景

上海申報祝賀孫中山當選第一任臨時大總統的報刊

孫中山先生回到中國時已經是 1911 年的 12 月，他不負眾望的當選中華民國臨時政府的第一任總統，但也隨著他對於「共和」及「政黨政治」的過度理想化，1912 年 2 月清帝退位後，擔任不到 100 天的大總統位置交到了袁世凱的手上。剛剛革命成功的中國，又進入到另一段革命的歲月，距離徹底剷除在中國的封建思想及軍閥之間的革命，還有很長的一段路。這些孫中山及革命黨的過程被許多電影納為題材拍攝，其中幾乎都是眾星雲集的大片，例如《十月圍城》，雖然是杜撰的劇情，但對於保護孫先生這樣的工作，以及清朝對於大逆不道的逆黨誅殺，可以透過電影去想像當時的氛圍。另一部《辛亥革命》，由成龍飾演的另一位重要革命志士黃興，胡歌飾演的林覺民，從第十次起義的黃花崗之役一路演到辛亥革命成功，是一段可歌可泣的歷史。此外還有《建黨偉業》、《鑑湖女俠秋瑾》等，都是可參考的歷史入門電影。

孫中山先生大部分的時間都在各地為革命事業奔波，位在上海的香山路 7 號故居是他在 1918～1924 年之間的居所，這間房子的地點與名人雲集的思南路是垂直方向，非常容易尋找。孫中山先生去世後，夫人宋慶齡則在此繼續居住至

倫敦蒙難是孫中山廣為國際媒體所知的關鍵，也是成為中國革命領袖的關鍵

售票處

孫中山故居門票

1937年，直到中日戰爭結束後，這裡成為孫中山先生的永久紀念館。現在到這裡參觀需要門票，但灰色小洋樓的建築與後方的一小片草地，進入紀念館展區之後，會覺得相當清幽，館內陳列了相當多孫先生的手抄本及重要的信函與公文，他曾經在這裡完成了重要的《孫文學說》及《實業計畫》，並且在這裡接見了很多重要人物，留下許多珍貴的照片。其中一位是來自俄國的越飛，並在1923年發表了「孫越宣言」，這就是著名的國共第一次合作「聯俄容共」。如果對中國現代史很有興趣的朋友，相信花個一小時進來參觀不會失望。

思南路上有明顯的標示「孫中山故居及香山路」

申報文藝專欄

我們都知道，在佰元鈔票上的紀念肖像，就是表情有點嚴肅的孫中山先生。紀念他為建立民國所貢獻的能力與智慧，要提倡革新與革命，光靠自己的力量是有限的，所以孫中山先生靠著他的靈活流利的口才，成功說服許多民眾，支持他的信念。很像春秋戰國時代的縱橫家，以自己的政治理念，審察時勢，憑藉著「三寸不爛之舌」，遊說列國君主，達到謀取權勢富貴的目的。其中最有名的人物就是蘇秦，寒窗苦讀的蘇秦被眾人瞧不起，出遊數載，一無所成，落得「妻不下織，嫂不為炊，父母不與言。」的下場，蘇秦感歎說：「妻不以我為夫，嫂不以我為叔，父母不以我為子，是皆秦之罪也！」乃閉室不出，出其書遍觀之。每逢睏睡之時，便懸梁刺股，後終有成。可見成功的演說者，口才表現必須要有豐富的學養，才能有理走遍天下。

故居後方的小庭院

1922年9月4日，孫中山先生在這草坪上，召集在滬各省國民黨同志五十三人，舉行改進中國國民黨會議，參加會議者有中國共產黨人。

On September 4, 1922, Dr. Sun Yat-sen held a meeting on this lawn, 53 representatives of the Nationalist Party from various provinces then in Shanghai participated. They discussed the problem of improving the Chinese Nationalist Party. Among these present at the meeting were members of the Chinese Communist Party.

遊戲・上海

思南路上的周公館指標

思南路上的漫步街道

周公館的入口

免費入場券，可至入口處領取

2 周公館：周恩來故居

申報歷史專欄

大家對 1989 年的「六四天安門事件」記憶深刻。但你們知道「天安門事件」其實有兩次嗎？周恩來向來是頗受推崇的共產黨政治人物，隨著他 1976 年 1 月的病逝，該年的四月五日民眾因追悼他而爆發第一次「天安門事件」（又稱四五事件）；成為打倒「四人幫」的關鍵，文化大革命則在 1976 年劃下句點。

周恩來是民國四大美男子之一，大多數的人對他的評價都非常高。早年的周恩來曾經到法國留學，並且在旅法期間組成「旅法共產主義小組」，這個是中國共產黨正式成立以前，在歐洲的第一個共產組織。中華人民共和國成立之後，他曾經擔任總理、中共中央副主席、中共中央軍委副主席等職務，是中國共產黨史中，非常重要的人物。

周恩來先生在上海的故居位在思南路 73 號。二次大戰結束後，國民黨與共產黨的問題白熱化，原來「西安事變」中達成的國共第二次合作的協定，在抗日期間的「新四軍事件」爆發後破局。美國為了想要在中國達成「國共聯合政府」的情況，先後派了赫爾利及馬歇爾兩位特使來華斡旋。國共兩黨在民國 34 至 35 年間，進行了「重慶會談」及「政治協商會議」。周恩來先生則是這段時間重要的會談人物。

上海的周恩來故居本為周恩來先生至上海參加「國共和談」的辦事處，因此中國共產黨代表團駐滬辦事處也設在此處，由於當時都對外用周恩來寓所為稱呼，所以這裡也稱為「周公館」。

周公館原來是法國商人的產業，因此這是一棟三層樓的法式小洋樓，最令人眼前一亮的是在牆上自成一格

牆面上充滿綠意與紅磚的鮮明對比

典型的民國時光家具

簡單的內部陳設

特務監視點的標示

的藤蔓綠意，還有在綠色小草坪上的大塔松樹，這裡也是周恩來先生喜歡散步的地方。裡面的房間陳設都很簡潔，做為周先生的起居及辦公處，還住有其他的共產黨員，公館四周高起的圍牆與各監視點，不難想像國共兩黨在那個年代一觸即發的敏感度。

Info

🕐 9：00～11：00，13：00～16：30
週一及週四不開放

💲 免費

申報文藝專欄

　　在中國共產黨新聞網上，有一則關於周恩來留法的故事：雖然法國是個浪漫的國家，但是中國留洋的學生們多半窮苦。為了給旅歐共青團提供活動經費，周恩來靈機一動，想出一個大家可以兼職打工的辦法，由鄧小平負責主持，在巴黎開了一間「中華豆腐店」。大家各自分工，撿豆子、泡豆子、輪流搖磨，大家邊工作邊說邊笑，周恩來還吟起古人的豆腐詩：「**旋轉磨上流瓊液。**」鄧小平則和起下句來：「**煮月鍋中滾雪花。**」大家聽了都拍手叫好。這間具有東方風味的豆腐店，很快吸引了法國人聞風而至，大受歡迎之下，包括豆漿、豆腐花、豆腐乾、凍豆腐和臭豆腐等等都開始販售，品種繁多，一應俱全，穩定的收入解決了經濟上的困窘，周恩來的聰明頭腦，在年輕的時候就大顯身手了。

3 梅蘭芳故居

申報歷史專欄

「京劇」是在清朝時成為受歡迎的地方戲曲之一。這項藝術已經在 2010 年入選人類非物質文化遺產。而京戲中的祖師爺，一般人認為是老郎神，其形象優雅蓄有白鬚者為唐明皇。京劇同時也是乾隆皇帝的最愛，清朝年間因為王公貴族的喜愛，為了迎合滿人文化，有些京戲會有滿語的唱詞。

梅蘭芳故居已經被劃進思南公館的範圍內

梅蘭芳出生北京的梨園世家，是中國京劇旦角的代表人物。一如他的戲劇扮相一樣，他的本尊也有民國四大美男的盛譽。他將旦角的唱腔用更悠然並注入情感的方式詮釋，為角色帶進了靈魂，他為京劇塑造了梅派的路線。此外，梅蘭芳也為京戲累積了許多膾炙人口的戲碼，例如：《貴妃醉酒》、《霸王別姬》、《穆桂英掛帥》等。他在抗日期間，堅決不為日本人演出，用自己的積蓄及家產維持劇團的運作，這樣的愛國形象，也讓他在戲迷及其他人心中留下了尊敬。2008年由黎明、章子怡主演的「梅蘭芳」電影，將這位京劇大師從表演及私人生活都做了詮釋。

思南路上的思南公館，已經是「高端大氣」上檔次的餐廳及酒店代名詞

梅蘭芳在上海的故居位在思南路 87 號，1932 年開始住在這裡，中間曾經到香港，之後繼續住到中日戰爭結束後回到北京。他的故居是一棟四層樓的西班牙式花園洋房，有「梅華詩屋」的美稱。電影《長恨歌》及《色戒》都有到思南路取景過。

從淮海中路地鐵站步行約五分鐘，可以看到上海人氣茶餐廳名店「查餐廳」

這裡距離周恩來故居（周公館）很近，旁邊就是聲名響亮的「思南公館」，而思南公館已經轉型成為豪華的餐廳及酒店，梅蘭芳故居被劃進了範圍之內，成為豪華租屋的一棟，想要租這間故居一個晚上要價 20 萬臺幣以上。所以如果只是一般的路人想要按門牌尋找，是沒辦法看到梅蘭芳故居的樣貌了。

思南公館裡充滿舊式的西式洋樓，如今已做為餐廳及豪華租房

曾經看過一張歷史照片，梅蘭芳與西方喜劇泰斗卓別林的合照，才驚覺原來藝術不分形式，中西巨星是惺惺相惜的。《霸王別姬》是梅蘭芳的代表作，號稱四大名旦的領銜人，男扮女裝出神入化的詮釋「虞姬」的腳色，連溥儀與婉容大婚，都請梅蘭芳來唱這齣戲。電影《霸王別姬》詮釋劇中角色「程蝶衣」的張國榮，在大時代的歷史洪流下，對比出「人」的渺小，人總敵不過命運的安排：「**你是真虞姬，奈何我是假霸王。**」程蝶衣假戲真做，身陷真假曖昧的假鳳虛凰情感之中，歷經文革變動，一生糾結於性別認知，遭遇感情與人生的雙重背叛，最後仍然一如歷史悲劇一樣，浴血倒臥霸王懷中。〈垓下歌〉唱道：「**力拔山兮氣蓋世，時不利兮騅不逝。騅不逝兮可奈何，虞兮虞兮奈若何？**」虞姬與項羽，也是說足「人生如戲，戲如人生」這句話了。

4 張學良故居

申報歷史專欄

中華民國成立以後，軍閥混戰的情況一直是「革命尚未成功」的真實樣貌。袁世凱去世後，北京政府掌握在皖系、直系、奉系手中，三大軍閥歷經直皖戰爭、第一次直奉戰爭、第二次直奉戰爭，最後在民國13年時確定奉系獨占北洋政府政權，少年壯志的張學良也是在直奉戰爭中嶄露軍事長才的頭角。

另一方面孫中山則是在民國6年以後發起護法運動，矢志保護《臨時約法》，並在廣州成立軍政府。中華民國陷入不只一個政府的狀態長達十多年，直到民國17年張作霖因「皇姑屯事件」被日本人炸死，張學良在接管父親勢力之後，決定宣布東北易幟，中國再次進入到一個政府的狀態。北伐結束後，國民政府開始了為期十年的建設與改革，直到中日戰爭全面爆發；而這段期間被稱作「黃金十年」。

張學良在很多地方都居住過，臺灣新竹的五峰鄉小木屋、東北瀋陽的少帥府，到最後在夏威夷辭世，這位東北少帥對於中國近代的影響力至關重要。他的一生也相當傳奇，父親是一位馬賊出身但叱剎東北山河的張作霖大元帥，擁有位堅毅又知冷熱的元配于鳳至，以及從貼心的紅粉知己到妻子的趙四小姐，身為民國四大美男子之一的他，一生在感情上風流倜儻，卻也重情重義。

在他100歲的生命中，見證了清末到現代的政治動盪，接受現代軍事教育的他，在民初的軍閥混戰中初露頭角，後來的東北易幟，讓中國回歸一個政府的決定，是北伐結束的關鍵。

這條盧灣區的散步路線可以從淮海中路地鐵站開始步行

搭198號公交車到淮海中路斯南路站下車也是方法之一

接下來的剿共與西安事變，讓他躍上中國現代史最受爭議討論的人物之一。對於這段改變國共關係的歷史，他本人在晚年的口述記錄一直視為機密檔案，直到他去世之後才公布。這位民國風雲人物的一生，由文章飾演張學良入木三分，《少帥》這部電視劇可以隨著劇情來感受民國百年來的動盪與諸多可歌可泣的故事。

皋蘭路一號的張學良故居門口有警衛，只能在外面拍照

張學良在上海的故居位在皋蘭路一號，門口旁就是復興公園的西門入口，巷口外就是民國權貴集中的思南路。這棟建築是西班牙式三層獨立式洋房。張學良在九一八事變之後，曾經一度染上毒癮，他曾經來上海戒毒，但並不是住在皋蘭路這一間。這裡是他最後一次到上海所住的房子，後來張學良到武昌任職，房子繼續留了下來，趙四小姐常來這裡小住。目前這棟房子也是私人產業，並不開放參觀。

優秀歷史建築的張學良故居

申報文藝專欄

　　用網路搜尋「趙四」，會發現一位風姿綽約，穿著白色羅紗洋裝的大家閨秀。當年不顧眾人非議，執意追隨已有家室的張學良，甚至陪伴著他度過將近半百的軟禁歲月，這位天生麗質、頭腦聰穎的女子，大膽追求愛情的行徑，當時的廣西大學校長馬君武，作《哀瀋陽》：「**趙四風流朱五狂，翩翩蝴蝶正當行。溫柔鄉是英雄塚，哪管東師入瀋陽。**」諷刺當時的張學良在國難當頭之際，竟置民族危亡於腦後，陷身於溫柔鄉中，無法自拔。不管歷史對張學良的評價為何，從另外一個角度，我們看到的是一位女子的數十年青春歲月，隨著張帥顛波飄盪，陪著他得意失意，看著他英俊瀟灑，看著他年華老去……終於，晚年讓趙四小姐圓了「白髮新娘」的夢。在兩人相繼去世之後，茵茵綠草，漫漫歲月，綿綿情懷，就這樣，一個時代結束了。

5 徐志摩故居

申報歷史專欄

　　早年一部《人間四月天》的連續劇，讓五六年級生在那個青春的時代，掀起了一股民國小清新的文學風潮。徐志摩、張幼儀、林徽音、陸小曼成了人人知曉的民國人物。而徐志摩最為人熟知的作品就是〈再別康橋〉。這位富家少爺當年在美國哥倫比亞大學經濟學院求學後，至英國邂逅了林徽音，之後對文學產生興趣的他，再轉而進入劍橋大學國王學院就讀。

　　這座歷史悠久的學院，從中世紀時的金雀花王朝就開始存在，由蘭開斯特家族的亨利六世創辦，爾後隨著英國進入玫瑰戰爭的三十年內戰，校園一直未完全竣工，一直到都鐸王朝的亨利八世才全部完工。建築風格為彰顯王室而設計的非常宏偉，因此國王學院也成為劍橋大學校區中知名度最高及令人印象最深刻的校園。

　　徐志摩在上海的故居不只一處，這裡介紹的是他與陸小曼結婚之後的早期住所，印度著名詩人泰戈爾當年曾經到中國訪問三次，徐志摩都擔任翻譯並且陪伴他左右，一中一印的大文學家就一起住在這個位在南昌路 136 弄 11 號的小洋樓。想要到這裡參觀可以從 13 號線的淮海中路地鐵站 1 號出口出來，步行即可到達。

　　南昌路曾經住過不少知名的政商、文藝界的人士，可以說是臥虎藏龍。例如：著名的現代畫家林風眠、中共創黨代表陳獨秀、西安事變的楊虎城將軍、民國初年的革命志士陳其美、國民黨元老吳稚暉等人都曾經住過南昌路。

曾經住著許多名人的南昌路

南昌路上的林風眠故居

這些名人故居現在大多都已經是有現任的屋主，為私人產業並不開放參觀，但可以從一些牆上的故居紀念碑尋幽訪古。徐志摩故居是一間在巷弄裡的小洋樓，屋子面積不大，但是從牆面的顏色及房子的細膩處可以想像當年這裡因為徐志摩與陸小曼，也該是一間時髦浪漫的小屋。精通法文加上文筆及京戲都擅長的陸小曼，與徐志摩相伴的時光，應該是個充滿詩

拐進徐志摩故居的小巷弄

曾經住著徐志摩與陸小曼的黃色小洋樓

徐志摩故居的現代日常民居生活

徐志摩故居紀念牌

歌與遠方夢想的年代。以徐志摩家境殷實的背景，再加上當年他一個月的收入是一般普通人的 200 倍，他與陸小曼在這間小洋樓裡應該是一段美好的小日子。只可惜隨著陸小曼的過度開銷與徐志摩的飛機失事，這段民國最受矚目的戀情黯然畫下句點。徐志摩的詩與人生就像他離開時一樣帶有戲劇性，留下令人懷念不已的文字美景。

南昌路上的夏日午後

申報文藝專欄

　　相信，許多人是因為看了《人間四月天》才認識林徽音的。這個低調空靈又有才氣的女子，不僅深深擄獲徐志摩的心，也擄伏了所有觀眾的心。徐志摩曾說：「**我將在茫茫人海中尋訪我唯一之靈魂伴侶。得之；我幸。不得；我命，如此而已。**」後來有人揣測這個「靈魂伴侶」指的是林徽音而不是陸小曼。由周迅所主演的林徽音，栩栩如生詮釋了有氣質、有才華，靈慧的眼神中流露出堅定的信念的模樣，她曾經寫過一首詩〈你是人間的四月天〉：「**你是一樹一樹的花開，是燕在樑間呢喃，你是愛，是暖，是希望，你是人間的四月天。**」這首詩所寫的對象是不是徐志摩？但是林徽音的丈夫梁思成表示這首詩是寫給他們的兒子。愛情可否變成友情？飛機失事那天，徐志摩趕回北平，就是為了去聽林徽音的演講，但再也見不到那瀟灑的身影，他已經揮一揮衣袖，不帶走一片雲彩了。

★註：其他名人故居
陳其美故居：南昌路 100 弄 5 號　　陳獨秀故居：南昌路 100 弄 2 號　　楊虎城故居：南昌路 65 號
林風眠故居：南昌路 53 號　　　　吳稚暉故居：南昌路 148 弄 10 號　　郭沫若故居：南昌路 178 弄 7 號

6 復興公園

申報歷史專欄

復興公園內有一座馬克思與恩格斯的雕像，取代了過去在二戰時期馬恩河戰役有功的法國霞飛將軍的紀念碑。19世紀的歐洲是新舊思潮衝擊的年代，而工業革命以後所產生的勞資問題，讓社會主義開始崛起。在19世紀前期有一群人（聖西門、傅利葉、歐文）受到15世紀北歐文藝復興人文學者湯瑪斯‧莫耳（Thomas More）所著的《烏托邦》（Utopia）一書的影響，期待建立一個非強制性社區，共同生產勞動，以求全民心靈及物質的理想國，但太過於理想化，後來被馬克思所批評。

後來到了19世紀後期，馬克思與其好友恩格斯，嘗試將一種理想的社會組織用於解決弱勢階層困難，並於1848年，馬克思及恩格斯共同完成《共產主義宣言》，主張以暴力建立無產階級專政、唯物主義及階級鬥爭，成為國際共產主義運動中最為經典的著作與思想綱領，其名言：「全世界無產者，聯合起來！」

復興公園是上海超過百年歷史的公園，同時也是上海唯一一座保有法國古典式風格的公園。清末時這裡原來是良田千頃，所以有一戶顧姓人家，便因擁有良田十多畝而富有，自己建了一座私人小公園，後來的人便稱作「顧家宅花園」，這是現在這座復興公園最早的雛形。

到了清道光年間，鴉片戰爭戰敗後，中國陸續與英、法、美等國簽訂不平等條約，其中與法國簽訂的是《黃埔條約》，明訂法國人可以在通商口岸永久居住、貿易，並享有領事裁判權等權利。而現在復興公園一帶也被劃定成法租界。因為這樣的歷史，公園裡還留有許多株的梧桐樹，更加增添法國殖民風情。在過去這裡與黃埔公園一樣都有在是否有洋人帶領及衣衫考量的條件下，「華人」與「動物」等不允許自由進入的限制。這裡一直到中日抗戰期間，汪精衛主持的南京國民政府接收上海租界，將這裡改名為「大興公園」，後來在中華人民共和國建立之後更名為現在的「復興公園」。

復興公園西側入口

Info

🕐 06：00 ～ 18：00
💲 免費

在中日戰爭以前，公園裡有座小動物園，到公園參觀門票從1美元開始年年漲價，豐厚的門票收入可以好好維持公園的經營。現在公園已經沒有動物園，但過去法國租界時代留下的大花壇、亭榭、山池等都還存在法國風貌，尤其是玫瑰園是復興公園最有看頭的地方之一。

復興公園的玫瑰花園

　　目前復興公園有四個大門出入；南門在復興中路重慶南路轉角；北門在雁蕩路；西門出皋蘭路；東門出重慶南路。如果從皋蘭路的張學良故居步行，則只需幾步路就可以從西門進入。

申報文藝專欄

　　說起法國古典式風格建築，再加上玫瑰園，會不會讓你聯想起《凡爾賽玫瑰》呢？凡爾賽玫瑰述說著法國大革命的歷史，上海復興公園也述說著法租界的軌跡。夏季公園裡盛開的玫瑰燦爛，秋季公園裡的楓紅醉人，令人想起一段文句：「**也許每一個男子全都有過這樣的兩個女人，至少兩個。娶了紅玫瑰，久而久之，紅的變了牆上的一抹蚊子血，白的還是『床前明月光』；娶了白玫瑰，白的便是衣服上沾的一粒飯黏子，紅的卻是心口上一顆硃砂痣。**」這是張愛玲小說《紅玫瑰與白玫瑰》裡頭的經典名句，精闢冷靜地道出一般世間夫妻悲涼情景。婚前再怎樣美好契合的情侶，也會因為每天相處，看盡對方所有的缺點，而開始嫌棄。賈寶玉娶了薛寶釵，卻永遠忘不了像白玫瑰的林黛玉；如果賈寶玉娶的是林黛玉，會不會也對紅玫瑰似的薛寶釵朝思暮想呢？

路線五：靜安區與名人故居

1 胡適故居

申報歷史專欄

胡適是民國初年新文化運動的領袖之一，新文化運動的內涵涉及政治的覺醒、思想的啟蒙、文學的革新、社會的改造等各個面向。他最有名的一篇文章是 1917 年在《新青年》雜誌發表的〈文學改良芻議〉一文，倡言文學改革與推動白話文運動。認為「一時代有一時代之文學」、「今日之中國，當造今日之文學」，文學應反映人們的思想感情，不必一味模仿古人，「發牢騷之音」作「無病之呻吟」。

電影《建黨偉業》中斯文帥氣的吳彥祖飾演胡適一角，一場白話文與文言文何者更為簡潔有力的辯論，結果胡適以白話文「幹不了」這三個字取代了成語「無能為力」四個字的涵義獲得滿堂彩。鼓吹中國需要拋棄八股文以通實務的新學來培育人才的他，先後在北京大學、中央研究院任職，也曾擔任駐美大使，學術成就及外交實務有目共睹。

從靜安寺地鐵站 1 號出口，往萬航渡路方向前進，一代大師胡適的故居就在 320 弄的 42 號，不過這裡現在也是一般民居，並沒有開放入內參觀。42 號的門口也沒有標示的牌子顯示這裡是胡適故居。

從萬航渡路找到 320 弄的巷口走進來之後是一個住宅小區，相當寧靜，巷口是一家老上海的沙利文餅乾食品廠，這個是很多老上海人童年時的記憶，最早是由美國人在 1920 年代開創的品牌。走訪巷弄間可以看見上海人在石庫門及小洋樓的老房子裡洗衣服、做飯及聽到沖水的聲音，走進這裡，雖無法感受胡適在文學中的顯赫表現，但卻能用另一種日常的模式來想像胡適平日的生活模樣，倒也是另一番探索名人故居的滋味。

萬航渡路 320 弄走進來找尋胡適故居

巷弄口是沙利文餅乾廠，這是老上海人的兒時記憶

胡適故居的巷弄已經成為上海人的日常民居了

現在仍可以想像當年小洋房的風華

　　胡適出生於上海，不少求學時光都是在上海度過的。這棟故居是 1927 ～ 1930 年間胡適所租的小洋房，當年他受聘於上海光華大學擔任教授，也協助梁實秋、徐志摩等人籌辦《新月》雜誌和新月書店，生活非常豐富。許多住在這個小區的人並不知道過去胡適曾經住過這裡，也有一些老上海人認為胡適過去的舊屋已經被拆掉，不過對我而言，我寧願眼前看到的老舊小洋房曾經是文學大師胡適的住所，也許魔都上海的魅力，就在這些名人與寫實交錯的點滴之間。

　　對於教科書中的文章，要排名印象中的順序，〈母親的教誨〉應該是名列前茅的吧！胡適幼時「老子不老子」的俏皮話，與母親「半夜責罰」望子成龍的虎媽形象，讓許多人印象深刻。胡適長相俊美，是課文眾多作者的箇中翹楚，與徐志摩的瀟灑相比，胡適多了一份溫文儒雅。

　　因此，胡適的緋聞也是許多人茶餘飯後的談論焦點，簡直可以媲美徐志摩了。但是夫人江冬秀，除了是馴夫高手以外，也燒得一手好菜；胡適最愛的「一品鍋」是胡適的家鄉菜，是一種上等火鍋，用一只大鐵鍋，主料為精製的魚丸子、肉丸子、肉蛋捲、乾筍、油豆腐、鋪墊蘿蔔青菜等，再經過精心地熬煮陳列，味道極為鮮美。相傳乾隆賜名「一品鍋」，兼有「**此美味佳肴，值得一品**」和「**與萬歲爺同享此佳肴者，堪為一品**」的涵義。從此一品鍋成為故鄉中的宴客佳餚，連好友梁實秋都讚不絕口呢！可見要收服丈夫的心，先收服丈夫的胃。

靜安區的夏日時光

遊戲上海

② 張愛玲故居

常德公寓外標示著張愛玲曾住過這裡

申報歷史專欄

　　張愛玲一生在與多舛的命運搏鬥，所以她從不相信人可以改變命運，因此她認為眾人喜歡祝福別人白頭偕老的那一段文字，其實諷刺又悲傷。眾人喜歡祝賀新婚夫妻的執子之手，與子偕老，原文為：「死生契闊，與子成說。執子之手，與子偕老。于嗟闊兮，不我活兮。于嗟洵兮，不我信兮。」……擊鼓《詩經‧邶風》。

　　而《詩經》是中國最早的詩歌總集，漢代才稱做《詩經》，另外漢代有毛亨、毛萇注釋《詩經》，所以又稱《毛詩》。《詩經》當中最早的作品出自西周，至於〈國風篇〉遍及的地區多在黃河流域，邶國則是在河南省，過去是周武王以商治商，封商紂王之子武庚於此。

　　對於喜愛文學的人來說，來到靜安區第一個想要朝聖的就是民國才女張愛玲故居了吧。張愛玲在上海的故居不只靜安區的常德公寓這一處，但這裡是最有名氣的，因為她在這間公寓完成許多膾炙人口的作品，例如：《傾城之戀》、《金鎖記》、《紅玫瑰與白玫瑰》等。

　　常德公寓舊稱愛丁堡公寓，是由義大利人設計建造的，目前是私人產業，所以其實只能在門口參觀拍照，並不能進去，只能從門口旁關於張愛玲故居的簡介望梅止渴一番。站在這裡彷彿就能想起由陳數、黃覺主演的電視劇《傾城之戀》或是由周潤發及繆騫人主演的電影版本，那段死生契闊的哀愁。

　　「這堵牆，不知為什麼使我想起地老天荒那一類的話……有一天，我們的文明整個地毀掉了，什麼都完了……燒完了、炸完了、坍完了，也許還剩

張愛玲故居只能在外面拍照

下這一堵牆。流蘇，如果那時候我們在這牆根底下遇見了，流蘇，也許你會對我有一點真心，也許我會對你有一點真心。」—張愛玲《傾城之戀》

從靜安寺地鐵站 3 號出口出站後，步行幾分鐘就可以看到常德公寓（常德路 195 號），而在公寓旁邊還有一間被譽為在上海必去的特色書店「千彩書店」。喜歡張愛玲的朋友大多會順道去這裡逛一逛。整間書店呈現老上海那一種變動中的沉靜感，書店內還有用心經營的咖啡吧，提供蛋糕與咖啡，價格不會太貴，來到這裡沉浸在咖啡香與張愛玲的文字，為自己的靜安區散步路線做一個完美的開頭。

張愛玲故居旁邊的千彩書店

靜安寺地鐵站 3 號出口步行即可到達張愛玲故居

申報文藝專欄

張愛玲在小說《心經》中有段描寫許太太對老媽子說：「**開飯吧，就我和小姐兩個人，桌子上的荷葉粉蒸肉用不著給老父留著了，我們先吃。**」這段文字中提到的粉蒸肉，是道地的江南美食，張愛玲愛好這一味，已經到了哲學人生的境界。她說：「**上海女人像粉蒸肉，廣東女人像糖醋排骨。**」用菜來形容人，可見張愛玲的獨到人生體悟，更可以感受到她爐火純青的文字功力。

道地的荷葉粉蒸肉十分講究食材，除了豬肉要鮮美自然熟成，荷葉更要用蘇堤「曲院荷風」的荷葉來現包現蒸，才能有獨特完美融合的風味。張愛玲說上海女人像粉蒸肉，她本人卻不像，她更像另一道上海名菜「清炒蝦仁」。這道菜是要用豬油炒才最好吃。就像張愛玲的愛情，要用胡蘭成這樣的豬油來炒，才能色澤鮮嫩，清脆爽口。四川女子應該像「麻辣火鍋」，十足的鳳辣子；北京閨秀應該像油亮味美的「北京烤鴨」；那麼張愛玲會怎樣描寫臺灣姑娘呢？也許是「珍珠奶茶」吧！

3 汪精衛特務機構
（中國國民黨中央執行委員會特務委員會特工總部）

　　汪精衛原名汪兆銘，是民國四大美男之一。清末時曾暗殺溥儀的父親攝政王載灃，所以他一直是孫中山革命事業的左右手，甚至國父遺囑也是出自他手，他也一直被許多人認為是孫中山的接班人。他與蔣介石一文一武之間的角力互鬥與不合，在孫中山去世之後白熱化。

　　中日抗戰期間，汪精衛眼見抗戰初期國軍的戰況慘烈及南京大屠殺等慘況，主張「和平救國」開始親日與日本合作，欲減少中國在戰爭中受到的苦難。民國29年（西元1940年）在日本人的扶持下，親日的國民黨員就在南京成立中華民國國民政府，與當時在重慶以蔣介石為首的國民政府分庭抗禮。「親日」的選擇讓他後來成為漢奸的代名詞，這個政權也在日本戰敗後被定義為汪偽政權。

　　萬航渡路435號過去是極司菲爾路76號，這裡曾經是聞名色變的汪偽政權的特工總部。清末時曾是官宦人家的產業，後來成為軍閥陳調元的名下，之後陳調元成為日本人的策反的目標，陳舉家搬到香港，這座76號宅邸就轉而變成日本人所有。

　　日本人在1932年的「上海一二八事件」之後，一直積極想要控制上海。1937年日本全面侵華，此時，國民黨的中統特務李士群於1938年投靠日本特務機關，並為日本人籌建特務機構。李士群另外又找了有「軍統」及「中統」背景的丁默村作為特務機構的骨幹，從此「76號」成為「魔窟」的代名詞，打擊各界的抗日愛國志士。

　　現在來到萬航渡路435號已經完全看不出過去特務機關的模樣，這裡

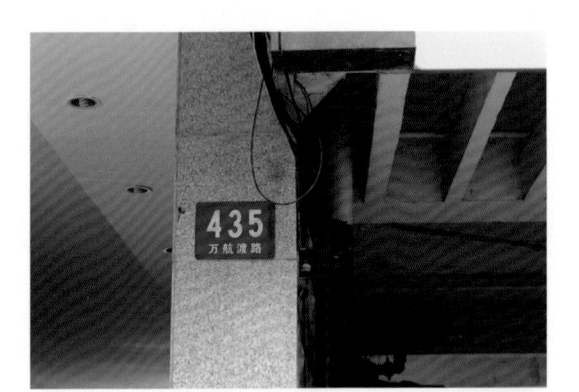

萬航渡路435號，過去是聞名色變的特務總部

現在這裡已經是一間職業學校

已經是逸夫職業學校所在地，彷彿只能從 435 號的門牌，想像著當年傳說走進 76 號的愛國志士，就沒有活著出來的悲壯。汪偽政權特務機構的嚴刑逼供是出了名的可怕與精準，這個可以從電影《風聲》當中，黃曉明所飾演的日本軍官與國民黨特務周迅、張涵予等人的精采對手戲可略知一二。

已經看不出過去那個諜報重重的抗日年代

李安的一部《色戒》又再度喚醒大家對這段歷史的記憶，由湯唯主演的王佳芝原型是民國著名的女特務鄭蘋如，而梁朝偉所飾演的易先生原型則是 76 號特工總部的主任丁默村。來到上海尋訪這些與特務相關的歷史建築，行走在過去總是充滿機密任務的黑頭轎車曾經飛馳而過的路上，在我看來是到上海必做之事，去感受上海百年歷史中最特別的一環。

申報文藝專欄

汪精衛年輕時候長得像《我的少女時代》的「徐太宇」；中年的汪精衛長相和「周潤發」又十分相似。如果要排進美男子的名人堂，應該連潘安也要讓位吧！他開始使用《山海經》中「銜石填海」的「精衛」為筆名，曾經在獄中所寫的詩「**銜石成癡絕，滄波萬里愁；孤飛終不倦，羞逐海浪浮。**」更表達了他壯志豪情，與不悔的意志。

汪精衛在政治上的作為，也許有兩面評價，但他欣賞江浙名菜「美人肝」、「松鼠魚」，他的品味足以讓他成為美食主義者了。所謂「美人肝」是要用四十隻鴨子的胰臟，鴨油爆香成為白裡透紅的美食，要不是廚師的廚藝精良，還吃不到這道功夫菜呢！而「松鼠魚」則是廚師用鯉魚出骨，在魚肉上刻花紋，加調味後入熱油鍋，澆上熱熱的糖醋滷汁，形狀似松鼠，外脆裏嫩，酸甜可口，讓人食指大動。

4 阮玲玉故居

申報歷史專欄

阮玲玉一生主演過 29 部電影，其中一部《桃花泣血記》，故事大意為村姑琳姑與富家子德恩青梅竹馬，但家世背景的差異，父母不同意他們在一起的悲劇故事。這部電影在 1931 年上映，是一部黑白默片，由臺灣的電影公司引進要在臺灣上映，為了宣傳默片，想出了「編寫電影主題曲」來宣傳；後來這首同名電影主題曲唱遍全臺灣，引起「古倫美亞唱片公司」老闆的注意，請來歌仔戲明星純純來錄製臺語唱片，《桃花泣血記》則成為臺灣第一首流行歌曲，也開啟了臺灣流行歌曲的序幕。

從靜安寺地鐵站步行至阮玲玉故居約需 20 分鐘，靜安區的熱鬧不佮南京路或淮海中路，你可以看見熱鬧的購物中心或商店街，但現代感的繁華很快會被租界時期留下的梧桐行道樹給覆上一層典雅的面紗，令人在靜安區散步心情格外愉悅。

一代名伶阮玲玉的故居位在新閘路 1124 弄 9 號（沁園村內），是棟超過七十年歷史的老房子，當年據說是她的第二任情人唐季珊用十根金條買下的小洋房。雖然經過歲月的洗禮，但因為地處靜安區，這一區老房子都還是有流金歲月的痕跡。目前這裡是一般民宅，並不能入內參觀，只能在外面緬懷一代巨星曾經在上海灘的浮華一現，想像皮膚白皙千姿百態的阮玲玉，曾經身穿旗袍的在這棟房子裡面為情神傷，在 25 歲的青春正盛的時候，留下「人言可畏」四個字結束了短暫燦爛又悲情的一生。

沁園村內的 1124 弄 9 號曾住著一代名伶阮玲玉

曾經是民國四大美人之一的阮玲玉，由1990 年代當紅的港星張曼玉演繹起來，彷彿時空交錯，令人對這個故事婉轉嘆息不已。她詮釋這個角色的成功也為她贏得金馬獎、香港電影金像獎、柏林影展等四座最佳女主角大獎。當年拍攝這部電影時就曾經到沁園村取景，而第一次為電影配樂的音樂人小蟲也因為〈葬心〉這首歌獲得最佳電影配樂的獎項。這部電影的成功，當年還有許多繪聲繪影地流傳阮玲玉曾在冥冥之中出現，為這部電影指點。

申報文藝專欄

〈葬心〉的歌詞中，寫滿了阮玲玉的悲哀：「是貪點兒依賴，貪點兒愛，舊緣該了難了，換滿心哀。怎受的住，這頭猜那邊怪，人言匯成愁海，辛酸難捱。」讓人不經意想起，李清照〈聲聲慢〉：「尋尋覓覓，冷冷清清，淒淒慘慘戚戚。」這足以說明阮玲玉的所有情緒，「這次第，怎一個愁字了得！」

這麼坎坷的女明星，對於吃似乎不是很有興趣，但是金庸小說《射鵰英雄傳》裡的一道名菜「二十四橋明月夜」倒是很適合作為阮玲玉一生的註腳。古靈精怪的黃蓉，用她家傳的「蘭花拂穴手」輕輕巧巧將豆腐挖出圓圓滾滾的珍珠形狀，利用金華火腿慢慢煨出味道。這道功夫菜，讚美黃蓉的武功高強，連手藝都一鳴驚人，難怪丐幫幫主洪七公都十分迷戀這小女娃的廚藝。阮玲玉的人言可畏，正符合「我本將心向明月，奈何明月照溝渠。」的萬般無奈，明月雖圓，人心難圓啊！

磚紅小洋樓上有歲月痕跡的裝飾，看盡風華

上海名校巡禮

1、上海復旦大學

上海名校復旦大學的創辦人馬相伯先生，曾在 1903 年創辦「震旦公學」，因為馬相伯通曉多國語言，所以震旦公學很重視翻譯人才的培養，這點可以從清末民初的大學者梁啟超及蔡元培曾經向他學習過拉丁語可窺見一二。

後來震旦公學被傳教士介入過多的宗教課程，因此馬相伯便改立「復旦公學」，最初的校地是當時的兩江總督支持的，而且校長還特地聘請耶魯大學畢業的印尼華僑李登輝先生擔任（是的，與臺灣前總統李登輝先生同名）。

復旦公學是今天復旦大學的前身，包括國民政府遷臺後在臺灣復校的復旦中學也都是與之有關，所以校園內可以看見紀念馬相伯與李登輝校長的紀念碑及相輝堂。

小說《唐山大地震》中的女主角是考上復旦大學中文系的高材生，不過在電影中被改編成考上杭州醫學院；顧漫小說《何以笙簫默》中的長華大學，是所綜合性的明星大學，高材生何以琛就是在這裡念法律系，有不少人猜測這所大學的原型其實就是上海復旦大學。

燕園中古色古香的景致

上海名校巡禮

143

騎腳踏車逛偌大的校園是最適合的方法

復旦大學有很多個校門口，這個是靠近國權路上的

北區校園外的復旦紀念品商店

　　目前上海復旦大學是世界大學排行榜前五十名的名校，能夠進入這所大學就讀的學生都非常認真，因為這是需要擠下多少人才能進入的學術殿堂。復旦大學占地廣大，校園現有邯鄲、江灣、楓林、張江四大校區，其中邯鄲校區為主校區。

　　在國權路上的校園入口不遠處有座「燕園」，1934 年當復旦大學 30 週年校慶時，當時上海灘大亨杜月笙曾擔任復旦大學校董，他協助擴建校園，將現在的「燕園」從屋主的手中買下，讓這座有著小橋流水與曲徑通幽的私人花園別墅，成為校園中的一處風景。是許多人喜歡拍照留影的地點。

　　因為是名校，所以自然少不了慕名而來的觀光客，因此北區校園外還設有復旦大學的紀念品商店，從 T-Shirt 到文具用品都刻有復旦的校徽，價位中上，喜歡收集名校紀念品的人可以來逛逛。

Info

🏠 楊浦區邯鄲路 220 號
🚇 從地鐵 10 號線國權路站步行約 10 分鐘可到達。
🕐 全天
💲 免費

　　《何以笙簫默》在 2015 年改編自女作家顧漫的同名小說，造成轟動！一段感情，因為陰錯陽差錯過七年，作者刻意將男女主角心理的掙扎、痛苦，輕描淡寫的帶過。許多青春，怕沒開始就已經畫上句點了；許多感情，怕沒開始就已經生疏的寒暄了。但是，回憶卻像向下紮根的大樹，等待著重逢化解彼此的情傷。書名引用自徐志摩的詩〈再別康橋〉中：**「悄悄是別離的笙簫，沉默是今晚的康橋。」**男女主角的名字也巧妙的安排在書名之中，可見作者的巧思。書中有名的句子很多，但是讓人怦然心痛的，就屬這一句了**「如果世界上有那個人出現過，其他的人就會變成將就！而我不願意將就。」**弱水三千，我只取一瓢飲的知己；眾裡尋他千百度，驀然回首的相遇。人生之中，「將就」何其之多？能夠勇於執著於一份真心，又何必委屈自己「將就」？

從地鐵站步行至校園入口的行道樹頗美

遊戲
上海

2、上海外國語大學

中國第一間培養外語與外交人才的學校是北京的同文館。當時這新式學堂是歸屬在總理衙門（清代外交機構的起源）之下。第二次鴉片戰爭時，咸豐皇帝逃至熱河行宮，北京事務交由他的六弟恭親王奕訢，為了接連而來的敗仗及不平等條約，由他主導的變法維新「自強運動」，便於第二次英法聯軍戰敗後開始。

變法內容以軍事工業、新式軍隊、礦產、郵政、招商等為主。其中西式教育的推廣便以培養外語人才因應外交事務而開始。同文館聘請外國傳教士教授英、法、俄、德語；同時也讓西方人可以學習漢語。當時如果進來同文館進行翻譯工作的學生每月有三兩銀子的補貼，這才讓許多不重視西式教育的傳統漢學子弟，願意進入同文館學習及翻譯。最後同文館在庚子後新政時被併入京師大學堂（今北京大學前身）之內。

2016 年有一齣由楊冪主演的連續劇《親愛的翻譯官》，裡面的主要人物都是以能在高級翻譯學院（簡稱高翻院）學習及工作，進行同傳與口傳的翻譯工作為最高目標；而戲中的場景就以這上海外國語大學最為相近了。

這座在中國數一數二的外語大學，最早是在 1949 年以俄文學校起家，當然這個與中

上海外國語大學校門口

華人民共和國剛建國時，與當時的蘇聯關係緊密的歷史背景有關；到現在已經是各類外語均表現出色的重點大學。外國語大學分為虹口校區與松江校區；主校區位在虹口，距離虹口足球場及魯迅公園不遠，附近也配合外語大學的特色有外語出版社與書店。如果要考各式外語檢定考試的人，也必須到這裡的外語培訓處報名參加檢定考。

在上海有許多占地廣闊校園環境優美的頂尖大學，到虹口區尋訪完魯迅等名人故居之後，也可以順道來上海外國語大學走走，感受國際化的氛圍。

Info

⌂ 大連西路 550 號（虹口校區）

🚇 從地鐵 8 號線虹口足球場站出站，沿西江彎路轉大連西路步行約 10～15 分鐘。

🕐 全天

💲 免費

高級翻譯學院一樓

外國語大學的外文書店

高級翻譯學院培養各種頂尖外語人才

外語檢定的補習班及檢定考在這舉辦　　校園一景

　　上海外國語大學的校訓「格高志遠」，脫胎於南朝梁蕭統編著的《昭明文選》中的「**氣高志遠，似若無敵**」。意思是只要氣度高遠，志向遠大，必定能活出不同的生命精彩！受歡迎的韓劇《太陽的後裔》在戰地出生入死的「姜醫生」宋慧喬，以及《Doctors》中能打又能動手術的全能神經外科醫師朴信惠。曾幾何時，韓劇女主角已經不只是談戀愛被男人寵就滿足，她們有自己的工作、在職場上奮鬥，靠自己發光發熱，也反映著現代女性生活型態的改變，已不同以往。

　　郭書瑤飾演單親高中女生春英，一部充滿鬥志與勇氣的電影《志氣》，手掌上一個刻痕，或者身體皮膚上的傷疤，牽繫著選手們在努力過程中的華美、蒼涼、寂寞。當所有的運動都是往前衝刺、爭取勝利，只有拔河，為了爭取榮耀，卻是要一步步往後退，在謙卑的步履中才能突顯遠大的志向，一步步邁向成功的坦途。「格高志遠」真是言簡意賅啊！

3、上海同濟大學

申報歷史專欄

德國在 19 世紀末至 20 世紀初期，是東亞國家效法學習的對象，日本在 1868 年開始的「明治維新」就是全面西化並以德國做為學習範本。而中國在 1928 年開始的「黃金十年」，曾在經濟、民生、教育、財政等，做了一系列的改革，為建國以來軍閥混戰結束以後的政局，帶來正面的影響。

其中在軍事改革上也選擇以德國做為學習對象。舉例來說：推動軍隊現代化上，國民政府便聘請德國軍事顧問來華協助訓練與整編陸軍。這段時期，同濟大學優秀的德語人才為中德之間的交流做了很適切地幫助。

同濟大學創校於 1907 年，這所學校的創建與德國有不可分開的關係。當初是德國海軍醫生在上海創建的德文醫學堂，後來慢慢增加其他學科成為一所綜合性的大學。1927 年正式更名為國立同濟大學，有合作共濟之意，這所學校最特別的地方就是從創校至 1950 年代以前，都是用德語教學，而該校的學生的第二外語許多人都是選擇德語，使得同濟大學成為中國與德國交流之間很重要的聯繫之一。

同濟大學正門口

從校門口進來有一長排木椅與楓樹非常詩意

　　許多中國的影視作品也選擇以同濟大學作為拍攝地點，較為臺灣人熟知的是由蘇有朋執導的電影《左耳》，這部片使他入圍 2015 年金馬獎最佳新導演獎，而這部片的男主角是主演《微微一笑很傾城》電視劇的人氣男星楊洋，女主角則是因《七月與安生》這部電影獲得金馬獎影后的馬思純。也許是因為有著與德國的淵源，在校園內常常看到一群一群的歐洲學生們，而他們旁邊的中國學生用流利的德語或其他外語與他們交談，在同濟大學可以看到另一

種不同風貌的大學人文風景；目前臺灣的大學也有與同濟大學做交換生的交流。到春天時這裡有著名的櫻花步道，是賞櫻的好去處，而我自己覺得秋末的落葉也是這座校園安靜的美好景致之一。

Info

🏠 楊浦區四平路 1239 號
🚇 地鐵 10 號線至同濟大學站 5 號出口，出站即達。
🕐 全天
💲 免費

申報文藝專欄

　　說到德國最有名的文學家，應該就是一夕成名的《少年維特的煩惱》作者歌德。歌德曾經在 1827 年《藝術與古代》雜誌上翻譯了中國詩四首，其中〈一斛珠〉就是最早譯為德文的一首詩。梅妃江采蘋才華洋溢，是唐玄宗早期的寵妃，但唐玄宗奪媳楊玉環入宮封貴妃，梅妃成了楊貴妃的情敵，柔和善良的梅妃，並非楊貴妃的對手，漸漸失寵，又被楊貴妃設法貶入冷宮。唐玄宗偶於宮中賞花時思念梅妃，派人悄悄送給梅妃一斛珍珠，梅妃吟詩辭謝，〈一斛珠〉詩云：「**柳葉雙眉久不描，殘妝和淚污紅綃。長門盡日無梳洗，何必珍珠慰寂寥。**」失去愛情的容貌，早已不再令人心動，渾圓高貴的珍珠，可能比不上晶瑩剔透的淚珠吧！玄宗的心已經不在，即使賜她珍珠以慰寂寥，也是枉然。 唐玄宗不喜歡這首詩，沒有想到卻被一位德國文學家深深喜愛上了，相信是梅妃始料未及的吧！

深秋的落葉很美

（本文部分照片由賴冠汝提供）

教堂與寺廟

1、鴻德堂基督堂

申報歷史專欄

　　鴻德基督堂得以用中國殿宇的建築風格，起因於在 1920 年代中國掀起了一股基督教的「本色運動」。1922 年中國基督教大會在上海召開，在會議上提出基督教在中國必須是「自養、自治、自傳」，在政治意圖上則是積極的參與廢除清末以來的不平等條約（註）。

　　其實外來宗教在中國一直有所謂的「中國化」，西漢末年傳入中國的佛教如此，明末清初傳入的基督教也是如此。最早在明末利瑪竇至中國傳教時，已經有了「利瑪竇規矩」（見徐家匯天主堂篇），在每個時代的宗教「中國化」都曾激盪出值得保留的火花，今日有幸得以在上海看到上個世紀「基督教本色運動」的輝煌成果之一。

★註：中國第一個不平等條約是西元 1842 年的《中英南京條約》，而開始廢除清末以來的各項不平等條約是在西元 1943 年，時值二次大戰，中國為同盟國的成員之一，先後與英美簽訂平等新約。

　　多倫路文化名人街是到上海一定不能錯過的散步路線之一，在這條路上有座上海唯一中國宮殿式建築的教堂「鴻德堂」。原來是紀念長老教會的傳教士費啟鴻先生（George F. Fitch），於西元 1928 年落成的滬北新教堂。

鴻德堂的殿宇風格相當獨特

進入教堂參觀時會先看到一面刻有「使徒信經」的屏風

禮拜堂

鴻德堂招牌　　　　　　　　　　　教堂旁的鴻德書房

在世界上眾多的教堂中，以中式青磚所砌的教堂都屬少見，所以這座教堂雖然前後在西元 1932 年的一二八事變、1937 年的中日戰爭及 1960～70 年代的文化大革命期間都遭到波及，暫停宗教活動，但仍為上海市優秀的歷史建築之一。

進入教堂參觀是免費的，一樓是禮拜堂，二樓是主堂，裡面會有熱情的志工傳道，所以如果想在這裡歇歇腳，倒是先要有心理準備聽一段傳福音，看看相關刊物。教堂旁邊還有一座鴻德書房，如果是教徒的話進去逛逛基督教書店，也是很好的。

Info

⌂ 虹口區多倫路 59 號
🚌 地鐵 3 號線至東寶興路站 1 號出口；地鐵 4 號線海倫路站 6 號出口。21 路公交至田愛路四川路口；公交 962 路至四川路山陰路站下車。
🕐 全日
💲 免費

申報文藝專欄

鴻德基督堂，是長得非常有「中國味」的基督教堂，有中式傳統的石城門與飛簷結構，是上海多倫路上很明顯的路標，許多新人都選擇這個地點拍照，濃濃的古味搭配著西式結婚禮服的新娘，別有一番穿越歷史的趣味。沿著這條經典的散步路線，會發現白崇禧將軍的故居。沒錯！作家白先勇就是在此度過童年的時光。喧鬧繁華的大上海，多倫路是難得的悠閒寧靜，駐足在鴻德書房，翻開扉頁，彷彿可以進入時光隧道，回到舊時上海灘。白先勇《臺北人》中說：「一切偉大功績，一切榮華富貴，祇能暫留，終歸滅跡。所有歡笑，所有眼淚，所有喜悅，所有痛苦，到頭來全是虛空一片，因為人生有限。人生是虛無，一場夢，一個記憶。」像《上海灘》主題曲所唱的，不管浪奔浪流，人間事多紛擾，有淚有笑，浮沉多少悲喜煎熬。對照著周潤發主演的許文強，非常令人懷念呢！

遊戲上海

2、徐家匯天主堂

申報歷史專欄

　　利瑪竇（Matteo Ricci）是明朝萬曆年間旅居中國的耶穌會傳教士，他最有名的著作是與上海第一位華人天主教徒徐光啟合譯《幾何原本》。此外，他也畫出了《坤輿萬國全圖》，明白指出地球是圓的；又幫助了徐光啟修改曆法，完成《時憲曆》，一直沿用到清末。不過提到利瑪竇最特別的一點就是他是一位穿儒服，並且允許天主教信徒可以祭祖、尊孔的傳教士，在講究傳統禮法的中國來說，傳教無疑是增加了許多幫助。人們也稱這個叫做「利瑪竇規矩」。不過後來新上任的教宗否決了「利瑪竇規矩」在中國傳教的方式，引起了傳教士與信徒之間的矛盾，傳教衝突日增，至清康熙 46 年（西元 1704 年），下令凡傳教士沒有中國政府許可證者，一律不許在中國傳教。

　　這座可以容納 2,500 人同時彌撒的教堂，曾經是遠東第一大教堂。建於清光緒 32 年（西元 1906 年），教堂原名即是用耶穌會傳教士羅耀拉（San Ignacio de Loyola）來命名的。

　　在繁華的徐匯區，哥德式建築的紅牆教堂及前方的一片花園綠地，是城市裡的一幅彩色油畫，就像當年西方傳教士用油畫繪下了一幅幅中國的景物。用歐洲的眼光來為百年以前的中國敘述一個個篇章故事。因為造型辨識度高，知名度也響亮，這裡一直都是許多連續劇的取景地之一。甚至在上海車墩影視城，也有一個迷你版的徐家匯天主教堂供拍戲之用，可見其熱門程度了。

天主教堂前的草地與花圃是取景拍照的好地點

在這裡拍攝的戲劇，臺灣人熟知的是多年前陳喬恩主演的《命中注定我愛你》，來到上海的她打開了另一扇窗，拿掉了便利貼女孩的不自信，開始更勇敢的面對新的生活。還有一部更早以前的《表妹吉祥》也在這裡取景，這齣戲當年是由《還珠格格》裡的兩大主角趙薇與蘇有朋主演，不知道大家還有沒有印象呢！

進教堂參觀要注意服裝，短褲或是太清涼的裝扮是不允許進入教堂，此外教堂內部也不允許拍照，建議可以趁傍晚的時候來拍主建築的外觀，待華燈初上時拍教堂夜景，相信是非常值得一訪的地方。

徐家匯站 3 號出口外就是天主教堂

紅磚與哥德式尖塔的教堂，一向是眾人的心頭好

申報文藝專欄

哥德式建築的徐匯堂，有著浪漫童話洋溢的氣氛，《命中注定我愛你》的灰姑娘陳欣怡和王子紀存希，多年後見面重續情緣的地方，就選在這個教堂拍攝場景，因為尖型拱門、琉璃玫瑰彩繪窗，一直是象徵愛情永恒的代表樣貌；其中最有名的哥德式教堂就屬巴黎聖母院了，雨果《鐘樓怪人》的故事就是發生在這裡，故事刻畫著人類對於醜陋事物的排斥和歧視，但是雨果巧妙的結合了兩種元素，讓敲鐘人凱西莫多同時具有心靈上的美麗純潔和外表的奇醜缺陷，傾心於艾絲梅拉達的愛情，像雨露一般，打開了他的心靈，但他也為了不被接受的愛情選擇默默在背後守護，雨果說：**「世間最寬闊的是海洋，比海洋更寬闊的是天空，比天空更寬闊的是人的胸懷。」**哪裡有陰影，哪裡就有光亮，人性中醜陋與美善的相輔相襯，值得我們深刻省思。

Info

🏠 徐匯區浦西路 158 號
🚌 搭乘地鐵 1、9、11 號線至徐家匯站下車，3 號出口即達。
🕐 週六 13：00～16：00，主日 14：00～16：00
　　週日下午 14：00～16：00 每半小時有義工帶領參觀教堂
💲 免費，但需先到遊客中心取票才能進入。

教堂與寺廟

157

3、靜安寺

申報歷史專欄

　　旅遊介紹喜歡把靜安寺的建造時間落在三國時代的東吳，大多根據赤烏碑的記載。赤烏是吳大帝孫權的第四個年號，相傳這座寺廟建於西元 247 年，當時的名稱叫重玄寺，地點是在吳淞江濱（蘇州河），到了唐代時這裡曾為永泰禪寺，北宋時才改稱靜安寺，不過真正地點改到目前的地點要到南宋年間。

　　至於由赤烏碑來認定靜安寺的成寺時間，過去的史學家認為時間斷定依靠的資料，是可信度不高的史料，所以後來在史學界仍舊以北宋做為建寺的可信時間點。不過在很多時候歷史學家是剎風景的，人們還是喜歡選擇相信比較有趣的說法，所以如果下次聽到導覽講解或是旅遊書中介紹這座寺廟建於三國時代，就姑且一笑聽之吧！

阿育王佛柱造型的大金柱日景

　　靜安區是我在上海最喜歡的一個區，兩旁的梧桐行道樹、名人故居的小洋房及租界時期留下的洋氣建築物，極富文學及歷史價值。讓這一區域不但是上海地產王，也是遊客到上海必訪的地區；來到這裡不可錯過的就是靜安寺，這可是上海歷史最悠久的古剎。

　　靜安寺附近的商圈兼容小資、文青與白領，從百貨公司到傳統零嘴的零食廠這附近都有。

富詩意的行道樹妝點靜安區更顯氣質

地鐵站出來還沒走進靜安寺，就可以看到氣派非凡的「正法久住」的金色大柱，柱的背後則是有蘇東坡所書寫的《金剛經》，柱子的頂部還有四隻獅吼像，柱子造型還大有來頭的與印度孔雀王朝的阿育王柱有關。我常笑稱如果是妖孽鬼怪的話，經過這兒大概都會自動被收伏了吧！

　　進入靜安寺參觀需要門票，而且還不便宜，所以如果不是對寺廟建築非常感興趣的人，其實可以在外面拍照感受這個具有特殊「藏式」風情的寺廟，屋

阿育王佛柱造型的大金柱及靜安寺夜景

靜安區的租界風情

頂貼金的處理，讓這座古剎遠遠的就能感受金光閃閃的尊貴感，如果進入內部參觀，則是有大雄寶殿、天王殿及三聖殿為主要建築。來到這裡可以順便參考前文所述的靜安區名人故居散步之旅，發現靜安區的迷人之處。

Info

⌂ 靜安區南京西路 1686 號
🚇 地鐵 2 號、7 號靜安寺站下車，2 號出口
　　公交 15 路、20 路等至靜安寺站下車
🕐 07：30 ～ 17：00
💲 50 人民幣
🖥 http://www.shjas.org/

申報文藝專欄

　　談到書法，北宋就有「蘇黃米蔡」四大家，分別是蘇東坡、黃庭堅、米芾、蔡襄。宋朝人的書法注重意境，表現文人的脫俗高雅，自由自在的情操。其中，蘇軾最有名的《寒食帖》還搬上大螢幕，第一部由國立故宮博物院出資拍攝，演員是桂綸鎂與戴立忍，詮釋藉由《寒食帖》，串起兩段遺憾的故事。一件完美的藝術品，保留了作者當時的思想與創造力，一首深刻的詩詞，也是記載了作者當時的心境與情感。蘇軾〈定風波〉：「**莫聽穿林打葉聲，何妨吟嘯且徐行。竹杖芒鞋輕勝馬，誰怕？一簑煙雨任平生。 料峭春風吹酒醒，微冷，山頭斜照卻相迎。 回首向來蕭瑟處，歸去，也無風雨也無晴。** 」經歷了宦海浮沉、人世飄零，這時的東坡先生已經不怕風雨了，也不在乎風雨了，雨天晴天也好，得失勝敗也好，我們喜歡看見的，正是他的一抹自在從容、鎮定悠閒的微笑。

靜安寺站 2 號出口

金色屋頂的靜安寺相當氣派

近郊與古鎮采風

1、朱家角古鎮

中國的歷史是從北方開始，一直到如今南方經濟的發展蓬勃，人文薈萃，中間也是經過幾次的南北大轉變。南方的歷史開發可以追溯到春秋吳國（吳王夫差），後來三國孫吳對江南的開發也是關鍵時刻。到了魏晉南北朝，東晉與南朝（宋齊梁陳）的定都讓江南開發更上層樓。

唐代安史之亂後，北方殘破加上運河的便利，南方的重要性漸高於北方；兩宋經濟與手工業發達，加上南宋的偏安，帶動了海上絲路的另一番新面貌。江南就在這一頁頁的歷史脈絡中，畫下了屬於自己的色彩。

朱家角的地理位置剛好落在江蘇、浙江兩省及上海市的交會地帶。這座古鎮的風貌甚至有「上海威尼斯」之稱。多年前因為一部臺灣偶像劇《命中註定愛上你》在此出外景，所以在臺灣開始名聲更加響亮。來到上海，如果不想到杭州去感受其他江南水鄉古鎮的風貌，那麼就到這座朱家角古鎮吧！

其實在江南的各大小古鎮遊玩的步驟都是差不多的。既然是水鄉，那麼我覺得花點小錢去搭搖櫓，真正的在船上欣賞兩岸古鎮民宅的思古幽情，是很好按快門的玩法。在朱家角的碼頭，大部分都是搭船到放生橋就折返，來回大概半個多小時的船程；這放生橋也是江南地區最大的五孔大石橋，是朱家角一橋一街、一寺一廟中知名度最高的一個拍照點。

搭搖櫓的價格與船隻

搭搖櫓坐到放生橋是基本玩法

上岸之後，則不可錯過一街「北大街」，這也是上海保存最完整的一條明清古街，有「長街三里，店鋪千家」的美稱。除了一些中國風的紀念品小店之外，也有許多賣襪底酥糕餅類的美食，還有許多穿古裝拍穿越照的攝影店家，其實到了古鎮，如果時間允許不妨試一試，遇上手藝好的化妝師，真的會把你畫得像明星拍片的時候一樣美，留下在古鎮獨特的風情照片。

報國寺是上海玉佛寺的下院，寺院內的緬甸白玉釋迦牟尼佛像與白玉觀音、千年銀杏合稱「三寶」。另一座城隍廟則是有兩百多年的歷史。

帶中國風 Kitty 去古鎮拍照

古鎮裡的星巴克

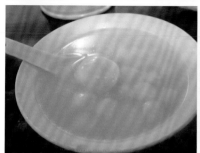
到古鎮吃一碗熱呼呼的湯圓最對味

　　都說上海這個地方大概是要到宋代以後才開始漸漸形成大的熱鬧市鎮，但在朱家角一帶卻挖掘出許多新石器時代的文物，後來經過證實這些出土文物與馬家濱文化及良渚文化都有關係，這又更加將這座古鎮的歷史價值往前推了好幾千年了；後來還在這裡挖掘出三國東吳時期的大將甘寧之墓，他曾經擊退關羽、偷襲過曹操的軍營，對三國故事有興趣的人應該對他不陌生。從這裡又可以再度證明在三國時代這裡就已經是已開發的南方小鎮囉！

　　如果覺得七寶古鎮太過狹小及遊客太多，前往西塘、烏鎮、周庄等位在浙江省的古鎮有點距離，那麼就來到朱家角，肯定不會讓你失望。

Info

⌂ 上海市青浦區朱家角鎮西井街 84 號

🚌 自人民廣場地鐵站 3 號出口出站，右轉步行約 10 分鐘到普安路金陵路路口，搭乘滬朱高速快線，約 1 小時至終點站即抵達朱家角。

🕐 全天，景點開放 8：30 ～ 16：30

💲 遊古鎮免費，其他包含遊船及景區內景點門票是 80 人民幣

💻 http://www.zhujiajiao.com/

　　李煜《望江南》:「船上管弦江面綠,滿城飛絮混輕塵,忙煞看花人。」是不是述說著到小鎮遊玩的賞客心境呢?忙著穿梭時空,乘著小船搖櫓,趁著古意樂音,吟著「滾滾長江東逝水,浪花淘盡英雄。」置身於水鄉古厝,當個悠閒快哉的三國古人;或是面對美景,忙著掌鏡捉影,嚐盡小鎮甜點美食,跟著《命中註定愛上你》的陳欣怡,期待「便利貼女孩」的邂逅,即使樸素、簡單安分、願望小小的,但也可以將滿滿的心願,「用便利貼,貼到心裡面,收集滿滿的感動,留給以後好好懷念呢!」文學本是一種最愜意的轉換生活的方式,一份沈寂內在的召喚,只要順勢而行面對它,如此的呼喚往往成為一種轉型或開創的歷程。給自己一個全新的體驗,開始吧!

清朝時代就留下來的郵局

燈火下的古鎮(本篇部分照片由賴冠汝提供)

近郊與古鎮采風

遊戲
上海

2、市區裡的小橋古意：七寶古鎮

申報歷史專欄

七寶的名字從何而來？答案是「因寺得名」。宋真宗時賜額「七寶教寺」，由此七寶鎮正式得名，而當時的七寶教寺有「郡東第一剎」之稱。

此外，在民間流傳著「七件寶」的傳說。分別是：飛來佛、氽來鐘、金字蓮花經、神樹、金雞、玉斧及玉筷。飛來佛實際上是南教寺的如來鐵佛，傳說由天上飛來，其實是明萬曆年間時，當地人徐泮募資籌鑄；氽來鐘由明永樂時七寶寺住持僧博洽籌建；金字蓮花經乃吳越王錢鏐的妃子用金粉工楷寫成；梓樹則是一棵千年古樹。

雖然說在中國看景點常聽到的一句話是：「一千年看西安，五百年看北京，一百年看上海。」不過在北宋，這裡已經是一個市鎮的規模；而明朝時上海已經是賦稅收入豐富的松江府地區。因此換句話說，要好好玩遍上海，來趟「十年上海看浦東、百年上海看外灘、千年上海看七寶」的旅行路線，包管看得滿意。

七寶古鎮（又稱七寶老街）是距離上海市中心最近的古鎮，雖然規模沒有名聞遐邇的周庄、朱家角、西塘古鎮等來得大，不過因為交通方便，對於到上海遊玩，但時間有限的旅人們來說，這裡是玩味小橋流水、江南風光最好的選擇。簡單來說這裡由一條南北向的明清老街貫穿，南邊稱南大街，以美食小吃為主，北大街則是以古玩、工藝品為主。此外，中間有一座「蒲匯塘橋」（七寶塘橋）把老街一分為二。在老街的尾端還有一條天主教堂街，此處人比較少，可以感受教堂清幽，以及異於中國明清風格的西方氛圍，還是挺不賴的。

七寶古鎮大門入口

走進蜿蜒的小鎮巷弄還需要再步行一段路　　　古鎮裡的冰糖葫蘆　　　古鎮裡的湯圓是很有名的

　　因為搭地鐵就可以到達七寶古鎮，所以假日人非常多，在窄小的巷弄裡萬頭攢動，不算很好的旅行經驗，建議儘量挑選平日來訪，才可以好好在老街來趟吃遍「老街湯圓」、「羊肉串」、「臭豆腐」及各式糕點的美食之旅。七寶古鎮不需要門票，但如果要看鐘樓、皮影館、蟋蟀草堂、微雕館、老行當、棉織坊、當鋪等小景點，可以依自己興趣決定要不要付 5 ～ 10 人民幣的門票進去參觀，或是直接購買 30 人民幣的聯票，就可以參觀所有老街裡的小景點。

　　此處雖然沒有具體較為臺灣觀眾熟知的戲劇拍攝，可是占地不大的古鎮裡，充滿許多個人工作室的攝影館，以及到處可見「再不穿越就老了」這樣的標語，非常具有讓人下定決心，

要在上海當女主角的勇氣及自信。花上少少的人民幣，可有超乎意外想像的專門妝髮，以及挑選古今中外各種造型的服裝，在室內攝影棚和室外進行拍攝，最後再依照喜好挑選照片，依張數再付款即可，大概不需要花超過 200 人民幣，就可以有非常美好的各種戲劇裝扮體驗。最後還可以頂著完美的棚拍妝容，前往下一個目的地繼續拍照探索，為自己的上海行留下特別的回憶。

Info

⌂ 上海市閔行區青年路
🚌 從地鐵 9 號線七寶站 2 號出口下車，步行即可到達。
🕐 09：00 ～ 18：00
💲 參觀古鎮免費，但古鎮內的景點與展覽館，可購買聯票 30 人民幣
🖥 http://www.goqibao.com/

申報文藝專欄

　　說到七寶教寺，晉代著名的文學家陸機、陸雲兩兄弟就葬在此處。兩兄弟出身於三國時期東吳的顯赫貴族，是吳郡（上海）人。祖父陸遜、父親陸抗都以軍功官拜封侯。晉統一天下後，陸機、陸雲在家鄉苦讀十年，漸有文名，在詩詞文賦方面頗具建樹，有「雲間二陸」美稱。但因讒言，兄弟倆都在西元 303 年被成都王司馬穎所殺害，並牽連三族，陸機死時才 43 歲。

　　2016 年的賣座愛情電影《北京遇上西雅圖之不二情書》，由湯唯及吳秀波主演，湯唯為躲百萬賭債，勉強自己被中年富商包養；吳秀波喜歡泡美眉，周旋於美女間，卻是一位恐婚族。片中令人亮眼吸睛之處在於，編劇透過秦沛飾演的老派知識份子，講述了許多中國古典的詩詞，句句有典故，條條有深意。其中「**渴不飲盜泉水，熱不息惡木陰**」，便是出於陸機的〈猛虎行〉。

七寶古鎮裡有許多攝影工作室可以變裝

七寶古鎮雖小但是還是很有水鄉情懷

3、我住長江頭，君住長江尾：徜徉崇明島

申報歷史專欄

　　崇明島距今 1,300 多年前成形，但因為地理位置偏遠，加上當時中國的重心還是在黃河流域，所以未有什麼重要記載。一直到宋元以後，江南的重要性日益增高，但因為崇明島是海外一島，仍舊是偏遠地帶，所以是流放罪人的地點之一。

　　比較有趣的軼聞是清雍正年間，崇明島出了一位進士，名叫沈文鎬，他面見皇帝時，把自己的家鄉說成有山有水有靈氣的好地方，讓皇帝聽了很是嚮往，殊不知當時的崇明島根本沒有山，後來沈進士怕掉腦袋，趕忙命人在崇明島日夜趕工的堆了一座山，就是深怕哪一天皇帝突然想造訪那可就完了，最後雍正皇帝沒有來，進士保住了腦袋，而崇明島則是多了一座金鰲山。

　　在還沒去崇明島前，對於我來說只是個地理課本上的名詞，越認識上海越覺得上海真的很大，這座位在長江的入海口以及世界最大的河口沖積島，多麼獨特的島嶼竟然大部分都是隸屬於上海市的崇明縣，另一部分則是屬於江蘇省的兩個地區。目前崇明島是中國的國家地質公園，如果對於都市叢林及步調快狠準的上海感到疲累，花兩個小時車程到崇明島，絕對是接近大自然的絕佳選擇。

　　許多上海人會選擇到崇明島露營、燒烤，在露營設施完善的東平國家森林公園裡，還有豪華的露營車可以租。一群好朋友來這邊過週末絕對是很不錯的，可惜能在崇明島過夜的僅限中國居民，其他人只能當日來回，其實在中國蠻多地方對於居住還是有許多限制。

　　雖然只能一日遊，但是時間也算綽綽有餘。開發最完善的是東平國家森林公園、這裡除了有露營區之外，還規劃了花園、滑草、騎馬、原野活動等園區。在這裡最舒服的玩法就是租腳踏車，騎在水杉林道之下，你會意外發現這裡比韓國的南怡島還美。這座森林公園裡的樹木都是人工種植的，也就是為崇明島建了一座森林，這樣的綠化真是給土地及人們一個很好的禮物。來這裡騎腳踏車一點都不熱，天然的芬多精及青草香，是在崇明島最令人印象深刻的。而這裡也是非常受歡迎電視劇《杉杉來了》的拍攝地，還記得劇中「風騰集團」的員工旅遊就是辦在這裡，杉杉騎腳踏車迷路又跌倒，封騰總裁去救她的劇情，隨著在公園中的賞遊，一幕一幕在腦海裡格外清晰。

森林公園裡的景觀多元，還有大草皮

東平國家森林公園裡很適合騎腳踏車享受自然風

電視劇《杉杉來了》的拍攝場景

西沙濕地的景觀

西沙濕地公園裡的招潮蟹生長地

用肥豬肉當誘餌的釣竿釣招潮蟹

招潮蟹小小的只是賞玩用，不能吃

　　西沙溼地公園則是很多大人小孩喜歡的地點，也是一個很好的生態園區。在這裡除了可以沿著木頭棧道散步到觀景台去欣賞「河口潮灘地貌地質遺跡」、「濕地地貌地質遺跡」及濕地植被、鳥類等，還可以花 2 人民幣買一根綁了肥豬肉的釣竿，可以釣螃蟹。這裡常看到的螃蟹品種是無齒相手蟹和紅螯相手蟹，大人小孩都會玩得非常開心；釣到的螃蟹可以帶走，但是我覺得還是放回去比較好，畢竟這螃蟹跟大閘蟹是兩回事，保護生態還是比較要緊的。

崇明島上最大的天然內陸湖是明珠湖，目前也開放成景點，湖邊修了木頭棧道，但因為遮陽的樹還沒成蔭，如果真的要用散步的環湖會非常熱，而且也非常遠。建議搭電瓶車，悠哉地坐在車上環湖，欣賞波光粼粼的怡人景色。在崇明島的一天如果能把這三個景點好好走透，相信就非常豐富不枉此行了！

Info

- 上海崇明縣北沿公路 2288 號（東平國家森林公園）
  上海崇明縣三星鎮三華公路 333 號（明珠湖公園）
  上海崇明縣綠華鎮綠湖村 588 號（西沙國家濕地公園）
- 1. 開車：往浦東方向過上海長江隧橋，經陳海公路、蟠龍公路、北沿公路約 2 小時可以抵達東平國家森林公園。
  2. 大眾運輸：搭乘地鐵 1 號線至汶水路共和新路，然後換乘申崇三線公交車，至城橋鎮南門汽車站，再換乘南東專線或南江專線至公園。
- 景點開放 8：30～16：30（假日至 17：00 閉園）
  西沙國家濕地公園遇大潮時會關閉
- 東平國家森林公園門票是 70 人民幣
  明珠湖公園門票是 45 人民幣
  西沙國家濕地公園免門票
- http://www.dpslpark.com/

邂珠湖景

　　崇明島像是上海的後花園，洋溢著不同於上海大都會城市的風光，有著一片綠意的崇明島，彷彿是清新碧綠的天真少女，隔著滔滔長江水，思念著五光十色炫爛迷離的上海情人，不知道她會有著什麼樣的心情？宋朝詞人李之儀〈卜算子〉：「**我住長江頭，君住長江尾。日日思君不見君，共飲長江水。此水幾時休，此恨何時已。只願君心似我心，定不負相思意。**」Line上常見的對話：「你愛我嗎？」、「愛，你每天都乖乖的嗎？」、「真的！我都乖乖沒亂跑！」、「我好想你喔！」、「我也想你！」遠距離的愛情，是一種最甜蜜的悲哀，你在那裡，我在這頭，想見不能見，相愛卻不能相守，思念讓人甜蜜幸福，思念也讓人痛苦難熬。面對雲端情人，所有的互動都來自虛擬空間，是多麼栩栩如生，但也容易瞬間瓦解。唯一能堅持下去的，就是相信，相信著對方跟自己一樣有著透明的心，才能繼續愛著，無畏於距離。

近郊與古鎮采風

戲迷必去：
上海車墩
影視樂園

在上海影視城裡有一座復古建築招牌上寫著「申報報社」，這個場景在電影《十月圍城》裡也有出現過。那麼究竟什麼是「申報」？

申報是上海地區於清同治年間（1872年）就由英國人所創刊的報社，前後歷史有77年，是研究上海百年歷史最重要的史料之一。而百年前的知識分子也透過這份報紙能夠在最快的時間得知許多重要的訊息，當然時事評論或歷史的考據也是報中不可或缺的內容。舉例來說：創刊初期正逢太平天國內亂，「申報」便能提供最新的戰況給上海地區的百姓知道。

近年中國的戲劇產量驚人，多部觀眾熟知的戲劇當然並非都是在真實的宮殿及街景拍攝完成。《瑯琊榜》、《花千骨》乃至《步步驚心》，其實是在「浙江橫店影視城」拍攝的；趙麗穎的《胭脂》、胡歌的《偽裝者》、李安的《色戒》、瓊瑤的《情深深雨濛濛》以及周星馳的《功夫》還有好萊塢的《神鬼傳奇3》等。這些諜報特務以及代表1930年代的大時代兒女的愛情片冒險片，背景都是在上海車墩影視樂園了。所以身為戲迷，即使這座影視城的位置有點偏遠，但還是應該要去走訪一番，最好還配上符合時代背景的造型，這是我認為玩出上海新風貌的方法。

參觀須知與小心聲

這座影城是收費的景點，不過只要有劇組在裡面拍戲，他們就可以隨意的拉起封鎖線，把我們可能最想要拍照的景點給圍起來不讓拍，有的時候工作人員會很盡責的在遠遠的五十公尺處就把你攔下，告訴你前面在拍戲不可以從這裡經過；好心一點的會讓你等一下，然後告訴你趁鏡頭與鏡頭間的空檔快步通過。

車墩影視樂園大門

不過我覺得我們既然是付了門票錢進來的遊客，其實也不用那麼聽話，一個影城會有非常多劇組同時開鏡，所以場景與場景間總會有很多小疏漏，可以機靈一點趁工作人員不注意多拍幾張。不過如果是做好萬全服裝準備想要來這裡拍情境劇照的，可能就要祈禱自己去影視城的這一天不要遇到這麼多劇組吧！否則還真的會有點失望；但反過來想，可能很多人就是希望能在影視城裡能與大明星不期而遇，所以拍照與明星之間真是一場小劇場的拉扯戰！

也因為你還沒進去影城以前，其實不知道是否會遇到多少劇組在拍攝，因此建議不要直接買套票。套票價格多 10 人

大門旁邊有拍攝動態，運氣好的話可以遇見自己喜歡的明星

樂園門票

民幣，包含搭一次復古電車以及看 5D 環幕劇場及 3D 畫展，可是我覺得後面兩個可看性不高，電車如果遇到有劇組拍戲根本靠近不了，所以還是買單張門票進去好好拍照即可。

影城不可錯過的場景

　　這座影視城是由上海影視集團所建造的，裡面主要分成四個大區，分別是：「歐式庭園」、「30年代南京路」、「石庫門里弄」、「老街」以及一座人工湖。

　　從大門一進映入眼簾的就是歐式庭園區，最著名的建築就是馬勒別墅，建築的真身是在陝西南路，來到這裡看到別墅及前面的一大片草地，會令人想到唐嫣與劉愷威主演的《千金女賊》。

大門正前方模仿上海著名歷史建築馬勒別墅

拍攝中的劇組會把精華場景給圍起來不讓拍照

這條林蔭大道是許多戲劇喜歡取景的場地

　　走到別墅的後方可以選擇往 30 年代南京路方向或是石庫門里弄，我最期待的是可以在這裡漫步 1930 年代的南京路，畢竟令人印象深刻的《色戒》、《功夫》都是在此處大量取景拍攝，但是我運氣不好，遇上了下雨還有兩組劇組同時在這邊開拍，所以沒辦法拍下我懷抱期待的劇情照，只能望著黃包車急電車興嘆，趁工作人員不注意的空檔在沒有鎖起來的

黃包車與 1930 年代的電車軌道街景是上海最有味道的一段時光

店舖間偷偷走著，順便拍下另一種詩意的老上海風貌。過了南京路往邊邊走可以看到類似韓國南怡島著名的「水杉林蔭大道」，我看著夏季充滿綠意的樹葉，想像著到秋天的金黃與冬天乾枯的枝椏，會讓我想起小時候看著瓊瑤的《六個夢》連續劇的年代，大時代的兒女們駕著馬車在林裡奔馳的場景。

　　再繼續往後方前進，便可以來到復刻版的外白渡橋，他的本尊是到上海外灘必不可錯過的地標，也是《情深深雨濛濛》這些連續劇出現過的場景，過了橋就會來到老街的場景，一些叫賣的小攤子還有店鋪，不仔細看其實都算維妙維肖。繞過老街會看到一座人工湖，然後便可以來到復刻版的徐家匯天主堂，對面是個老式的火車站，這裡也是劇組喜歡拍攝的精華點，然後一路步行往出口的方向，就會看到許多真的有在營業的餐廳與店家，外表都還是保持 1930 年代的風貌，電車的軌道與復古招牌為這段路增添了很多味道。

模仿的外白渡橋

模仿的天主教堂，這裡也是戲劇熱門取景地點

Info

⌂ 上海市松江區車墩鎮北松公路 4915 號

🚌 地鐵 9 號線至松江體育中心站，出站搭乘計程車，車程約 15 分鐘，車資約 35 塊。或地鐵 3 號線漕溪路站下車至「上海旅遊集散中心」搭乘旅遊專線。

🕗 08：30 ～ 16：30

💲 成人票 80 人民幣、學生票 40 人民幣起，另有套票 90 人民幣

🖥 http://www.shfilmpark.com/

申報文藝專欄

「**青青河畔草，綿綿思遠道。遠道不可思，宿昔夢見之。**」這首漢樂府〈飲馬長城窟行〉描寫女子輾轉反側思念著夢中的遠行人，情思如綿綿不盡的河畔青草。在《古詩十九首》中也描寫了同樣的情境：「**青青河畔草，鬱鬱園中柳。盈盈樓上女，皎皎當窗牖。**」以河畔草之青翠，園中柳之蓊鬱，描寫燦爛陽春之景，反而引起閨中女子感觸思念之情難以排遣。根據這樣古典的氛圍，瓊瑤完成了《六個夢》系列作品，其中《青青河邊草》，更是改編為同名電視劇，造成廣大迴響與轟動。故事發生在一座神祕莊園，從不堪舅媽百般刁難的小草和逃婚的青青兩位孤女開始的；飾演小草的 8 歲小童星金銘，在劇中把許多思念的情感，透過一雙有靈氣又水汪汪的大眼睛，牽動著許多影迷觀眾的心呢！「**思念是一種很玄的東西，如影隨行，無聲又無息，出沒在心底，轉眼，吞沒我在寂寞裡。**」王菲也把這種感覺唱得好棒呢！

每個人
心中都有一位
公主與王子：
上海迪士尼

園區中最醒目
的大城堡

申報歷史專欄

迪士尼樂園的創辦人：華特迪士尼（Walt Disney）與洛伊迪士尼（Roy Oliver Disney）是兄弟，在 1923 年於加州創辦「迪士尼兄弟動畫工作室」，並於 1986 年正式定名為「華特迪士尼公司」直至今日在美國的動畫、真人電影、電視頻道、主題樂園都占有龍頭的地位。

一次大戰後的歐洲蕭條，長期採孤立主義的美國，在 1920 年選出主張孤立主義共和黨總統哈定，加上一戰期間美國本土並未受到戰火波及，相較千瘡百孔的歐洲，此時的美國挾帶 19 世紀末以來工業革命的高峰，一路創造的輝煌的 20 年代經濟大繁榮。爵士樂也開始發展於此時期，最有名的就是路易‧阿姆斯壯（Louis Armstrong）的《What a Wanderful World》。此外，著名的卓別林電影也都在這個年代大放光彩，這個時代是近代美國最多姿多彩的一段時間，打造所有人夢想的迪士尼樂園，也就是從這個璀爛的 1920 年開始發跡的。

購票與入園攻略

上海迪士尼樂園自 2016 年 6 月正式開放營運以來，已成為上海最新的熱門景點，即使票價不便宜，但仍吸引各地遊客趨之若鶩。不過在網路上也看到很多在上海迪士尼萬頭鑽動的負面報導，讓很多想一圓自己公主夢或是帶家人同歡的朋友會躊躇不前，不過看完這一篇攻略，只要做好功課，其實在上海迪士尼還是可以玩得很開心。

Ⅰ 購票

1、**入園購票**：最簡單的辦法當然就是直接在入園售票處購票，但是一來因為這裡是熱門景點，所以購票隊伍會排很長，二來買不到官網折扣的票價，所以建議要去迪士尼樂園玩之前還是先上網多做功課，才能為自己省時省荷包。

2、**臺灣旅遊平台購票**：我自己是在臺灣的 KKday 旅遊網站上購買迪士尼的入園券，在這裡用臺幣刷卡付錢不需額外扣手續費，票價也比許多中國的旅遊網站平台賣的要便宜一些。不過想要這種便宜票價還是要趁早預定，因為日期越接近折扣票價銷售完畢就會恢復原價。在 KKday 網站訂購行程及票券都需要填護照號碼，二日內會有確認郵件，記得印出來或是螢幕截圖。到迪士尼樂園之後不須先前往購票處排隊，直接到入口處，工作人員看完確認信件，還會要看你的護照（對的，是護照不是臺胞證），然後就會直接給你門票，就可以開心的入園去玩了。

3、**中國的旅遊平台購票：**在中國的旅遊網站或 APP 均有許多迪士尼樂園的相關配套，有些是單賣門票，有些含旅館來回交通接送；有些是含迪士尼樂園度假村住宿，或是含獅子王表演的套票價格。如果有當地的朋友一同前往，或是自己有中國當地的門號及支付寶，也蠻推薦在各旅遊網站比價找最符合心意的行程。

4、拿到門票以後，記得要好好保管，因為在園區裡不論是領快速通關票，或是要使用樂拍通綁定你在園區裡的所有照片，都是要出示這張門票的。

什麼是樂拍通？

　　在迪士尼樂園裡會有專屬攝影師，與迪士尼明星們的合照或是各項遊戲進行中的照片，如果喜歡的話都可以向攝影師及工作人員出示樂拍通將有你自己的照片存入。最後可以到園區內的照片銷售處去選取自己喜歡的照片列印出來，或是製作相片紀念品。當然這是要額外付費的。

　　園區內的照片銷售處在美妙記憶屋、創能補給站、星際貿易港，以及迪士尼樂園酒店奇妙仙子禮品屋、玩具總動員酒店的大熊百貨。

2 入園攻略與快速通關

1、**遊玩時間**：建議玩迪士尼樂園還是在開園時間前抵達，原因是早上的人比下午的人潮少一點，中午過後會發現一批批的人潮開始湧入，排隊領快速通關票或是熱門遊戲的隊伍都會拉長。這座迪士尼樂園雖然沒有像美國佛羅里達州的那麼幅員廣闊，不過要把 20 幾個遊戲及表演全都欣賞完，待上一整天是一定要的，最後記得在 20：30 的時候到「奇想花園」去欣賞夜光幻影秀，每座迪士尼樂園的夜間煙火都是不可錯過的呀！

2、**行李寄存**：入園之後，可以到鐘樓後方的行李寄存處，將一整天不需要的東西先鎖起來保管，減輕在園區內的負擔。在迪士尼也看到很多人是直接拉著行李箱來玩的，畢竟同樣位在浦東新區，玩完迪士尼樂園，直接拉著行李去浦東國際機場其實也還蠻順路的。保管箱的價格依大小分為 50、70 人民幣兩種價格。

迪士尼樂園入口處右前方的行李寄存服務

3、**飲食與水**：上海迪士尼其實還蠻佛心來著，不但允許遊客帶水及食物入園，而且園區內到處都可以看到飲水設備還有方便野餐的桌椅。此外，迪士尼裡的餐廳及飲食小攤的食物，價格並不是天價，一份介於 50 ～ 100 人民幣之間的輕食或套餐，可以讓人吃飽 。以上海的物價來說，不是貴得令人難以接受。

4、**快速通關**：上海迪士尼樂園的
快速通關是分散在各區的遊客
服務中心排隊，每一處約有
3～5項的遊戲供選擇，所以
在排隊之前，還是先看好自己
想要的遊戲是集中在哪一處，
再鎖定目標去排隊。

用門票去領取快速通關票

快速通關步驟：園區內要注意「快速通關票」的排隊指標

5、**排隊與洗手間**：在中國提到排隊二字，想必大家腦海中都會有許多不好的畫面出來。事實
上插隊這件事在中國還是很普遍，不過迪士尼樂園畢竟是票價昂貴的地方，通常能進來裡
面消費的人，基本的水平還是有的。所以在迪士尼樂園裡面，中國遊客的秩序都不錯，少
見插隊或大聲嚷嚷，占著拍照景點不走影響他人照相的情況，帶著老人小孩出門的其實也
都蠻有禮貌的。讓原先繃緊神經想要在迪士尼裡面奮力向前衝的我，突然發現想太多了，
反而跟著其他遊客的步調隨興的放慢腳步，感受這座童話世界。

至於洗手間的部分，廁所數量很充足，地板大抵都可以保持乾燥清潔，套句其他中國遊客
的形容詞，迪士尼的廁所連空氣都是香的。所以了解以上問題以後，就可以放鬆心情好好
玩耍了。

園區內的整點表演：唐式太極

拍照景點打卡區

上海迪士尼的刺激性遊戲沒有其他國家的迪士尼來的多，也沒有像洛杉磯的迪士尼有分兩個園區來做區別，整體來說這座迪士尼真的是走闔家歡樂的路線，百分之九十以上的景點及遊戲都適合 10 歲以下或是 65 歲以上的老年人共同玩樂。走在迪士尼裡面我常常看到一家三代來玩耍，我想著也許是年輕人在上海奮鬥賺錢，老人家可能遠從新疆或是其他遙遠的省分來上海探望小孩與孫兒，能夠一起同遊迪士尼樂園就是最棒的行程與回憶。是不是能夠在這座園區裡玩到多麼刺激的遊戲，其實並不是最重要的一件事，拍照上傳告訴大家來到迪士尼樂園玩了，也許就能帶給絕大多數的遊客滿足感了。

美女與野獸的貝兒公主出來跟大家打招呼

紅心皇后的小花園

所以在園區裡有許多花園與故事場景，讓大家可以好好拍照，不需要戰戰兢兢地等排隊。其中我最推薦的是夢幻世界景區裡的「愛麗絲夢遊仙境迷宮」，在迷宮裡有提示不用擔心鬼打牆，旁邊的一景一物都很好拍，還有個紅心皇后的小花園可以拍照；此外這座園區的迎賓閣會有美麗的迪士尼公主來跟大家拍照，跟公主拍照是要有點耐心排隊的喔！

喜歡電影《神鬼奇航》的朋友也不要錯過寶藏灣這個景區，務必要排《加勒比海盜－沉落寶藏之戰》這一項，裡面的特效與實景動畫實在做得非常好，絕對不會後悔喔！如果要省時間可以考慮排單人通關，可以跟朋友一起排隊等，只是最後上船的時候不會跟朋友坐在一起而已。

對於美國隊長系列的漫威英雄控，則是可以來到奇想花園區，與心中喜歡的超級英雄拍照，或是直接學著怎麼畫出這些英雄。至於從大門進來到奇想花園一定會經過的米奇大街，則是充滿各種紀念品商店，這裡每間商店的櫥窗及裡面的可愛小物，都會讓人愛不釋手。

遊．戲
上海

不可錯過的表演

　　進園區以後別忘了順手拿一張樂園時刻表，
六大景區內都會有各自的表演秀。女孩們最喜歡
的《冰雪奇緣：歡唱盛會》在夢幻世界的林間劇
場；迪士尼經典的米奇電影節則是在米奇大街上；
此外我自己最推薦的是位在探險島故事舞台的
《人猿泰山：叢林的呼喚》，把中國雜技的精髓
都融入在泰山的故事當中，每一秒都令人驚艷。
在上海迪士尼的每一場表演，都可以看出迪士尼
各種經典角色融入中國風元素的特點，這是這座
樂園與其他迪士尼最大不同之處。

　　表演的場地都很大，記得在快速通關及景點
拍照之間，算好路線及想看的表演時間，提前5～
10分鐘排隊入場，才能坐到比較好的位置喔！

泰山傳奇是很值得看的表演

冰雪奇緣的表演闔家歡樂

每個人心中都有一位公主與王子…上海迪士尼

遊戲上海

Info

⌂ 中國上海市浦東新區川沙新鎮黃趙路 310 號

🚌 地鐵 11 號線至終點站，出站步行約 5 分鐘即達入園售票口。

🕘 09：00 ～ 21：00

💲 1. 一日券：成人票 499 人民幣（含 140 公分以上兒童），兒童票及老人票 375 人民幣

    2. 二日券：成人票 950 人民幣（含 140 公分以上兒童），兒童票及老人票 710 人民幣

    3. 以上為假日（暑假、週末、節假日）的全額票價，其餘淡季時間票價為 370 人民幣及 280 人民幣，兩日券
      則打 95 折

🖥 https://www.shanghaidisneyresort.com/

11 號線的迪士尼地鐵站

申報文藝專欄

    「唧唧復唧唧，木蘭當戶織。不聞機杼聲，惟聞女歎息。」這首北朝樂府民歌是莘莘學子都會朗朗上口的木蘭辭，主角便是勇敢又有智慧的中國女俠客「花木蘭」。現身在迪士尼公主動畫中的《花木蘭》，她孝順又貼心，即使連「婦德、婦言、婦容、婦功」都背不出來，但卻擅長騎馬打仗，救國危難而被皇帝冊封，成為巾幗英雄。功夫了得的還有《魔髮奇緣》中的樂佩公主，把平底鍋當護身武器，練就了一頭閃閃動人金髮功，纏、繞、揄、砸、摔，招式千變萬化。不管花木蘭，或是樂佩公主，都告訴我們追尋夢想的路途上，除了要勇敢突破困境，更要相信自己的能力，是吧！

안녕하세요！
上海的偽首爾
小旅行

韓文屬阿爾泰語系，是一種表音文字。西元 1443 年由朝鮮李氏王朝的世宗大王所創，稱為「訓民正音」。現在我們看到韓文字母的框框角角，還有圈圈及空格，其實是當年世宗命令大臣集思廣益之後，從窗戶的各項變化款而產生的。所謂「訓民正音」就是要讓書寫變得簡單，連未能受過教育的平民百姓也能容易學會上手。

「訓民正音」後的韓文，許多字彙屬外來語，也有許多屬於中國的詞彙，對我們來說學韓文其實比學拉丁語系的語言要簡單的多。

中國的少數民族中，其中一族為朝鮮族，說著跟韓國一樣的朝鮮語；金融貿易大城上海，擁有許多外商企業以及到上海做生意的韓商及韓僑，這些外來人口在上海匯集，加上近年來韓流在上海掀起熱潮，也帶動了韓國商圈的興起。在上海提到「韓國城」，大多數人都知道指的是虹泉路上的商圈，而代表韓國的美食、咖啡、汗蒸幕等休閒場所，則是在上海各區都能看得到各式商家。尤其是等到落英繽紛的秋冬時節，乾冷的氣候與街景，讓人可以把上海玩成首爾，來個一石二鳥的旅行計畫，是我發現在上海的新玩法！

這裡也有許多精品旅館，是韓商來上海出差喜歡選住的區域

韓式咖啡館與商店

地鐵裡的韓劇廣告，為上海增添更多的偽首爾味道

虹泉路商圈

　　這裡靠近合川路地鐵站，附近充滿商業大樓，因此上下班時間會有許多出租車及黑車在這裡攬客，不論是搭車或一路步行都可以發現沿路充滿韓文招牌與韓國風的店面。尤其自韓劇《來自星星的你》之後，虹泉路上的房價水漲船高，直逼上海最熱門的長寧區高價地段。也因為韓國風濃厚，所以許多到上海洽談生意的韓商，下飛機後也會選擇直接入住這一帶，無論食衣住行及娛樂，都可以跟在韓國一樣自在。

位在井亭大廈裡的韓國餐廳，曾是 EXO 團員的用餐地，現在是追星族會來的地方

　　在虹泉路上，有迷你版東大門之稱的井亭天地生活廣場，雖然樓層不多，但逛起來有身在首爾的感覺。除了有標榜去韓國批貨來賣的服裝及生活小物以外，樓層中還隱藏著模仿首爾梨花洞壁畫村的特色壁畫，讓人一瞬間就像跑到首爾去拍照的感覺。裡面也有好幾間韓國餐廳，據說 EXO 到上海開演唱會時，朴燦烈還曾偷偷跑到這裡來用餐，後來許多粉絲會專程到這裡指定要坐他坐過的位置。

　　以井亭天地生活廣場為中心，向四周步行，可以看到許多酒店、餐廳、酒吧、韓國超市。這裡的價格與地段一樣，都比較高，不過如果是想在上海看到多一點的型男，這裡遇到的機會是比較多的。

井亭天地是韓國商圈

Info

🚌 從地鐵 9 號線合川路站 1 號出口，出站後搭乘閔行 36 路公交於虹莘路吳中路站下車。

韓文招牌看不到中文，有身在首爾的錯覺

韓式麵包店

汗蒸幕體驗

　　在上海給自己半天的時間到汗蒸幕好好舒壓與放鬆，絕對是挖心掏肺的推薦行程。因為上海真的很大很大，旅行幾天下來雙腳跟身體會疲累不堪。上海的汗蒸幕裡設施相當的多，在裡面的韓式餐廳用餐也是非常好的選擇，價格並不會比在外面用餐貴，而且可以吃得心滿意足之後，再度回到休息區好好讓腦袋及身體放鬆。相信我來到這裡會舒服到捨不得離開啊！

　　所謂汗蒸幕就是韓國式的三溫暖，買了入場券之後，工作人員會給你一個腕圈，這是鑰匙也是在裡面消費的憑證。入浴區分為男女二區，要先把身上的物品及衣服鎖在專屬的個人置物櫃，然後進去公共浴場洗澡；雖然是脫光的狀態，但是在裡面不需要擔心別人的目光，因為不論是工作人員或是客人，都不會有人多看你一眼，可以放心地好好做自己想做的事。

　　在寬闊的公共浴場洗完澡之後，就可以到熱水池及冷水池好好的交替泡泡身體，會覺得全身的關節相當的放鬆及舒服。此時建議額外自費全身去角質，或是體驗按摩、敷臉、洗頭等各式額外付費服務，對於洗淨身體的疲憊外加養顏美容，效果是挺不錯的。

汗蒸幕的折價券

位在合川路地鐵站附近的紐斯是評價不錯的汗蒸幕

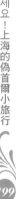

汗蒸幕的休息區有各式各樣的烤箱與舒緩身體的設施

公共浴池的部分結束後，就可以回到更衣室穿上裡面的休閒服，到休息區去放鬆。可以到餐飲區買杯米汁及水煮蛋，在木頭地板上與三五好友一邊吃一邊聊天、也可以到會所提供的躺椅休息區安靜的補眠，或是躺在椅子上看著個人專屬電視，然後靜靜地入睡；又或者是可以到電影院看場電影，裡面又安靜又舒服。此外休息區旁，還有許多特別香氛味道的烤箱，一間一間的嘗試，可以消磨許多時光。這些設施的享用，都是不另外再加收的。

肚子餓的話，也可以到用餐區，裡面提供的餐點就跟到韓國餐廳一樣，而且價格不會比較貴，對於喜歡吃韓國美食的朋友來說一定會吃得非常開心。

汗蒸幕基本上是可以過夜的，因為在這裡過夜的價格比在旅館便宜，不過很可惜的是外國人不能過夜，晚上 11 點之後，就會開始清場，如果不是中國身分證的就要乖乖地離開回自己的旅館了。所以儘量早一點到這裡，才能好好享用裡面全部的設施達到放鬆身心的效果喔！

汗蒸幕裡的韓式料理菜單

在汗蒸幕裡吃韓式炸雞是一等一的享受

汗蒸幕裡的韓式餐廳

推薦店家：鈕斯桑拿會館金匯南路店

Info

⌂ 上海市閔行區金匯南路 258 弄 1 號
🚇 從地鐵 3 號、4 號延安西路站 2 號出口，步行約 10 分鐘。
🕐 24 小時
💲 每人 88 人民幣起跳
🖥 http://www.shnewstar.net/

在休息區買杯米汁跟茶葉蛋是便宜又好吃的享受

本家韓國烤肉

　　韓國人到世界各地旅行，對於韓國食物的忠誠仍然是一等一的，看看韓綜裡的《花漾爺爺》行李箱充滿各種樂扣保鮮盒裝著各式韓國小菜，就知道他們對於韓國飲食的堅持挑剔，如果不是道地的韓國料理，可是完全沒辦法賺到韓國人的生意。

　　雖然上海有形形色色的韓國餐廳，但說到公認口碑好口味道地的就屬於這個「本家」了。韓國老闆非常厲害，在上海有三家分店，據說連菲律賓也有本家韓國料理。除了經營餐廳外，在韓國還有咖啡店及其他餐飲連鎖，他本人還是常上美食節目的達人。本家料理的特色就是菜盤相當豐盛澎湃，許多用來包烤肉的生菜是在臺灣及其他地方沒見過的，吃完都可以再免費續叫；另外本家的涼拌小菜也是相當有特色，跟別的地方吃到的口味都不太一樣，烤肉會有專人幫忙烤，在這裡用餐可以很心無旁鶩的拼命吃即可。

評價極好的本家韓國料理

　　本家的生意很好，要提早到現場拿號碼牌等位置，或是錯過當地人用餐的高峰期，可以吃得比較舒心喔！在本家，推薦必點：海鮮煎餅、烤牛肉、菜盤裡的紫蘇葉包烤肉。

種類非常多的新鮮生菜盤

無煙烤肉而且有專人幫烤，不用自己動手

韓國餐廳最令人食指大動的各式小菜

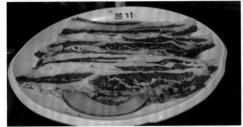

無法不心動的牛肉　　　　　　　　　　　厚實有料的海鮮煎餅

生菜包烤肉是韓食精髓之一啊

Info

⌂ 天山路 1900 號 5 樓
🚌 從地鐵 3 號、4 號延安西路站 2 號出口，步行約
　 10 分鐘。
🕐 11：00 ～ 22：00
💲 每人約 120 人民幣

━━ 申報文藝專欄 ━━

　　說起韓劇中的書籍閱讀，《主君的太陽》中的《翡翠森林狼與羊》、《繼承者們》的《了不起的蓋茲比》、《叫我金三順》的《追憶似水年華》，甚至最近非常受歡迎《W 兩個世界》中《편안하고 사랑스럽고 그》戀愛手冊，也常常出現在劇中。

　　但是，若比藏書最豐富的，要算最有學問的都敏俊教授了，被滯留在地球的漫漫四百年歲月中，有著像祕密花園一樣的龐大書房，靠著成千上萬冊的精神食糧，度過無盡思念的夜晚。其中，最愛不釋手的便是《愛德華的神奇旅行》，一隻陶瓷兔子在旅程中頻頻易主，不斷經歷迴異變化的人生，飽嘗幸福的甜美滋味，也深刻體驗生離死別的苦楚。在逐漸損毀殘破的外貌下，一顆纖細敏銳和盈滿溫暖的心，卻在他空洞的軀體內漸漸凝結成形，終於，兔子體會了愛的真諦。《明心寶鑑》中這樣說：「**讀書千遍，其義自現。**」都教授的好學，讓他體會了生命中的哲理。所以，感情需要學習，真愛值得等待！

跋

唸書的時候，老師曾經讓我們寫一篇作文，題目是〈如果在路上遇見孔子〉，當時所有的同學都在哀嚎，說平常唸書都不認真，路上再遇見他，應該會被孔子責罰吧！事隔多年，我還記得同學有趣的反應。

在寫這本書的企劃案，瑪杜莎和我曾經坐在星巴克，啜飲著玫瑰鹽拿鐵，邊吃著點心，邊說著居住上海的名人作家，當時我的心裡就浮現一個畫面，如果在每條路上散步，是不是就可以與傾慕的名人作家邂逅；可以和張愛玲說說紅樓夢的繁華煙雲，一起感嘆相愛不能相守的愛情；遇見阮玲玉，告訴她人生關卡不應執著，要放下羈絆，才能解脫自己重新活出新的人生；去聽聽梅蘭芳唱著《霸王別姬》；去看看「內山書店」裡是如何醞釀魯迅、蕭紅的文學生命；說不定，運氣好的話還可以碰到徐志摩和林徽音，正在談天談地談文學，比情人更親密的友情。

如果累了，走到「田子坊」，你會以為自己到了歐洲，到處都是左岸咖啡的飄香，轉角處也許會發現孫中山先生正在籌劃偉大的理想；「四大美男子」超越時空要你說說他們之中誰比較有魅力；宋慶齡正在鞋店挑選合腳的鞋子，準備要奔向自己的人生；周恩來問你要不要嘗一下「中華豆腐店」的招牌豆腐。

《色戒》、《第三種愛情》電影戲劇的場景，全球排名的名校與風格特色多變的書店，包羅萬象，《十里洋場》的上海，揚子江畔述說著種種繽紛與失落。化用《何以笙簫默》書中的一句話：「有一種情感，它深入骨髓，在你看不見的地方肆虐。」是的，上海，是可以讓你盡情沉淪的地方。

收拾你的心情，帶著古老的靈魂，一起遊戲上海吧！

君如

國家圖書館出版品預行編目資料

遊戲上海：穿越魔都百年行 / 黃偉雯文. 攝影. --
初版. -- 臺北市：華成圖書，2017.06
面； 公分. --（自主行系列；B6191）
ISBN 978-986-192-301-7（平裝）

1. 自助旅行 2. 上海市

672.096   106005780

自主行系列　　B6191

遊.戲.上海 ─穿越魔都百年行

作　　者／黃偉雯（瑪杜莎）、君如

出版發行／華杏出版機構
　　　　　華成圖書出版股份有限公司
　　　　　www.far-reaching.com.tw
　　　　　11493台北市內湖區洲子街72號5樓（愛丁堡科技中心）
　　　　　戶　　名　　華成圖書出版股份有限公司
　　　　　郵 政 劃 撥　　19590886
　　　　　e - m a i l　　huacheng@email.farseeing.com.tw
　　　　　電　　話　　02-27975050
　　　　　傳　　真　　02-87972007
　　　　　華 杏 網 址　　www.farseeing.com.tw
　　　　　e - m a i l　　fars@ms6.hinet.net
　　　　　華成創辦人　　郭麗群
　　　　　發 行 人　　蕭聿雯
　　　　　總 經 理　　蕭紹宏
　　　　　法 律 顧 問　　蕭雄淋・陳淑貞

　　　　　主　　編　　王國華
　　　　　責 任 編 輯　　楊心怡
　　　　　美 術 設 計　　陳秋霞
　　　　　印 務 主 任　　何麗英

定　　價／以封底定價為準
出版印刷／2017年6月初版1刷

總 經 銷／知己圖書股份有限公司
　　　　　台中市工業區30路1號　　電話　04-23595819　　傳真　04-23597123

版權所有　翻印必究 Printed in Taiwan　　◆本書如有缺頁、破損或裝訂錯誤，請寄回總經銷更換◆

☺讀者回函卡

謝謝您購買此書,為了加強對讀者的服務,請詳細填寫本回函卡,寄回給我們(免貼郵票)或 E-mail至huacheng@email.farseeing.com.tw給予建議,您即可不定期收到本公司的出版訊息!

您所購買的書名/_____ 購買書店名/_____

您的姓名/_____ 聯絡電話/_____

您的性別/□男 □女　　　　您的生日/西元_____年____月____日

您的通訊地址/□□□□□_____

您的電子郵件信箱/_____

您的職業/□學生　□軍公教　□金融　□服務　□資訊　□製造　□自由　□傳播
　　　　　□農漁牧　□家管　□退休　□其他

您的學歷/□國中(含以下)　□高中(職)　□大學(大專)　□研究所(含以上)

您從何處得知本書訊息/(可複選)

□書店　□網路　□報紙　□雜誌　□電視　□廣播　□他人推薦　□其他

您經常的購書習慣/(可複選)

□書店購買　□網路購書　□傳真訂購　□郵政劃撥　□其他_____

您覺得本書價格/□合理　□偏高　□便宜

您對本書的評價(請填代號/ 1. 非常滿意 2. 滿意 3. 尚可 4. 不滿意 5. 非常不滿意)

封面設計_____　版面編排_____　書名_____　內容_____　文筆_____

您對於讀完本書後感到/□收穫很大　□有點小收穫　□沒有收穫

您會推薦本書給別人嗎/□會　□不會　□不一定

您希望閱讀到什麼類型的書籍/_____

您對本書及我們的建議/

廣 告 回 信
台 北 郵 局 登 記 證
台北廣字第000526號
免 貼 郵 票

華杏出版機構

華成圖書出版股份有限公司　收

11493台北市內湖區洲子街72號5樓（愛丁堡科技中心）
TEL/02-27975050

（沿線剪下）

（對折黏貼後，即可直接郵寄）

☺ 本公司為求提升品質特別設計這份「讀者回函卡」，懇請惠予意見，幫助我們更上一層樓。感謝您的支持與愛護！

www.far-reaching.com.tw　　請將 B6191 「讀者回函卡」寄回或傳真 (02) 8797-2007